Konstantin Wecker

Poesie und Widerstand in stürmischen Zeiten

Konstantin Wecker

Poesie und Widerstand in stürmischen Zeiten

Ein Plädoyer für Kunst und Kultur

Mitarbeit: Michael Backmund

Kösel

Penguin Random House Verlagsgruppe FSC® N001967

Copyright © 2021 Kösel-Verlag, München,
in der Penguin Random House Verlagsgruppe GmbH,
Neumarkter Str. 28, 81673 München
Umschlag: zero-media.net, München
Umschlagmotiv: © Jose Giriba / Süddeutsche Zeitung Photo
Satz: dtp im Verlag
Druck und Bindung: GGP Media GmbH, Pößneck
Printed in Germany
ISBN 978-3-466-37278-2
www.koesel.de

 Dieses Buch ist auch als E-Book erhältlich.

Inhalt

Prolog:
Mein Leben ohne Bühne

Wie liebe ich es, auf der Bühne an meinem Flügel zu sitzen und für mein Publikum zu singen und zu musizieren. Was für ein Geschenk seit über 50 Jahren! Und was für ein Glück, dass ich nur sehr selten wegen Krankheit pausieren musste. Wie liebe ich das Raunen und Murmeln des Publikums vor dem Konzert, die angespannte Stille bei leisen Liedern, den liebevollen Applaus.

Ich singe, weil ich ein Lied hab', hieß eines meiner allerersten Lieder. Nicht, weil es euch gefällt. Und das ist mein künstlerisches Lebens- und Überlebensmotto geblieben.

Klar hatte ich nichts dagegen, auch mal berühmt zu sein und hab's auch manchmal genossen, manchmal sehr daran gelitten. Aber das war es nie, was mich auf die Bühne trieb.

Was mich antrieb, meine Lieder zu singen, immer und immer wieder, auch in Zeiten, wo es mir gar nicht gut ging, war diese ungeheure Freude, gemeinsam mit meinem Publikum das Leben zu feiern, sich gemeinsam über Ungerechtigkeit und politische Dummheit zu empören und in Poesie und Melodien zu schwelgen.

Nein, ich hörte nie auf zu träumen von einer herrschaftsfreien Welt, wo der Menschen Miteinander unser Sein zusammenhält. Und ich werde auch nicht aufhören, diesen Traum von Utopia weiter zu träumen.

Aber dann kam Covid-19, und mir wurde zum ersten Mal richtig bewusst, wie mir all diese Gemeinsamkeiten schmerzlich fehlen.

Und ja, ganz ehrlich, ich weiß erst jetzt, dass ich das alles als viel zu selbstverständlich genommen habe.

Und klar, auch dem eitlen Ego fehlt die allabendliche Bewunderung, der Zuspruch, die Begeisterung, die man entfachen kann mit einer treffenden Zeile, einer treffenden Melodie.

Das habe ich jahrzehntelang lieber ausgeblendet, vielleicht weil es mir wohl etwas peinlich war, zu offenbaren, wie mein Ego all das doch gebraucht hat.

Dann wurden wegen des Lockdowns erst mal alle Konzerte abgesagt, und da ich unbedingt musizieren wollte, haben wir uns am 22. März 2020 für den ersten Livestream entschieden. Wie ging es uns dabei? Fany Kammerlander, Jo Barnikel, Sarah Straub und ich spielten das erste Mal in ein dunkles Loch statt in einen mit begeisterten Menschen belebten Raum und – es war sehr, sehr schwer.

Dazu galt es noch Abstand zu wahren zu den KollegInnen, wir konnten uns nicht umarmen, wie sonst immer. Während der Lieder konnte man sich noch durch das Miteinander-Musizieren mitreißen lassen, aber in den Pausen wusste niemand so recht, wie man sich verhalten sollte. Es fehlte so viel: natürlich der Applaus, aber auch der Blick ins Publikum, das Geräusch quietschender Stühle, Rascheln, Murmeln, ach – es fehlten natürlich die lieben Menschen. Nicht immer einer Meinung mit mir, aber doch immer mit der gleichen Sehnsucht im Herzen. Mit Poesie und Widerstand auf der Suche nach dem Wunderbaren.

Und so habe ich beschlossen, mich auf das Abenteuer einzulassen: mich mit der Pandemie auseinanderzusetzen, der Systemrelevanz der Kultur in diesen so turbulenten und ungewöhnlichen Zeiten, mit den Versäumnissen und Fehlern der Politik, mit den Gefahren, die diese Zeiten für die Demokratie bedeuten, mit den Gefahren eines sich weltweit wieder neu belebenden Faschismus, wie es Umberto Ecco so richtig in seinem Vortrag *Der ewige Faschismus* 1995 dargelegt hat.

Dieser Prozess des Umdenkens, sich Einfühlens, neu Erlernens und Erkennens sollte sich, angefangen vom ersten Lockdown im Frühjahr 2020, bis jetzt – Ende April des Jahres 2021 – fortsetzen, und wird sicher noch lange kein Ende finden.

Erst wollte ich ja nur über meine Schmerzen und Probleme eines Lebens ohne Bühne schreiben, dann haben sich die Dinge so vehement entwickelt, dass ich immer wieder in Statements und Texten auf meiner Website oder in meinen Streams Stellung bezogen habe.

Diese intensiven Phasen der Reflexionen, Diskussionen und Interventionen fanden wiederum Eingang in meine Musik, meine Lieder und die Gestaltung meiner digitalen Konzerte »Poesie und Widerstand in stürmischen Zeiten«. Sie haben mir auch in Momenten der Verzweiflung Kraft gegeben, weil ich erleben und begreifen durfte, warum im Hoffen die Kraft für Veränderungen liegt.

Deshalb sollen diese Statements, Texte und Gespräche auch in diesem Buch nachzulesen sein, sind sie doch Zeugnisse eines sich stetig neu entdeckenden Prozesses.

Zwischen den Welten –
vom Schrecken des Rassismus

Im Januar und Februar 2020 war ich dem Virus, geografisch gesehen, schon sehr nah. Nach einem Jahr voller Konzerte wollte ich für einige Wochen aus dem Alltag ausbrechen, mich in Südostasien erholen und an meinem Utopia-Programm arbeiten. Doch wirklich verstanden und wahrgenommen habe ich das, was unser aller Leben und mein Leben auf der Bühne nur kurze Zeit später vollständig durcheinanderbringen sollte, noch nicht. Von Zeit zu Zeit verfolgte ich in den digitalen Medien, was in Deutschland gerade passierte, und war von den Nachrichten über das rassistische Massaker in Hanau am Abend des 19. Februar, die mich zeitversetzt einen Tag später erreichten, zutiefst geschockt. Ich ahnte auch noch nicht, wie stark mich der tödliche Hass, der Rassismus und die faschistischen Netzwerke im kommenden Jahr herausfordern sollten.

Wenige Tage später landete ich in München, das Virus aus Asien war mir bereits vorausgeeilt nach Italien, auch wenn die beunruhigenden Nachrichten aus Bergamo den Brennerpass noch kaum überwinden konnten. Als ob Bayern und der Rest der EU mit diesen Geschehnissen nichts zu tun hätte. Es sollte die kürzeste Saison und Tournee meiner gesamten künstlerischen Laufbahn werden.

Das letzte Live-Konzert

Mein letztes Konzert vor dem Lockdown fand am 11. März 2020 in der Stadthalle Weinheim statt. Mein alter Freund Günter, ein Freund aus Gymnasialzeiten, fuhr mich, wie fast immer, zu meinen Konzerten. Und wir hatten CD's und Bücher dabei, die Günter immer nach den Konzerten verkauft. Mein Publikum kennt ihn bereits, er ist der zum Glück doch nicht verstorbene »Willy«. Und er hat, auch weil er als Mann des phänomenalen Gedächtnisses gerühmt an meiner Biografie mitgeschrieben hat, ein wirklich gutes Verhältnis zu meinen KonzertbesucherInnen. Für Günter sollte dieses Jahr ohne Konzerte auch eine Katastrophe werden.

Der Auftritt in Weinheim war eines unserer sogenannten TRIO Konzerte, zusammen mit der wunderbaren Cellistin Fany Kammerlander und dem großartigen Pianisten Jo Barnikel.

Ich kam auf die Bühne und begrüßte mein Publikum mit den Worten: »Schön, dass ihr alle hier seid!« Etwa 500 Leute waren da, und es wurde ein wunderschöner inniger und poetischer Abend, wir ahnten wohl, dass dieses Konzert eines der letzten sein würde. Für lange Zeit!

Ich wollte an diesem »letzten« Abend nicht allzu viel über Corona sprechen und hatte auch das Gefühl, dass mein Publikum sich lieber der Poesie hingeben wollte. Einmal sagte ich aber: »Es gibt noch einen viel gefährlicheren Virus: den Faschismus.«

Und dann spielte ich *Sage Nein!*

Dieser Satz sollte richtungsweisend werden für vieles, was ich dann in diesem Jahr noch geschrieben habe.

Nach diesem uns Musiker sehr bewegenden Konzert kam der Lockdown und alles wurde abgesagt.

Ach, wie vermisse ich es am Ende eines Abends – meistens bei dem Lied *Questa nuova realta* – singend durch das Publikum zu gehen, die Menschen zu umarmen, ihnen die Hand zu schütteln. Und gerne auch nach dem Konzert in irgendeiner Hotelbar bei einem Glas Wein mit ihnen zu reden. Wir drei konnten uns einfach nicht vorstellen, nicht mehr auf der Bühne zu stehen.

Wir leben für und von der Musik. Ich habe von meinen Musikern – egal mit wem ich gespielt habe in den letzten 50 Jahren – noch nie erlebt, dass sie genervt oder gelangweilt waren. Egal wie es einem vor dem Konzert erging, ob man vielleicht schlecht gelaunt war oder etwas kränklich – sobald sich der Vorhang erhob, bildlich gesprochen, waren und sind wir mitgerissen vom Miteinander-Musizieren, von der Magie der Musik, von der Möglichkeit, immer wieder neu die gleichen Lieder erleben und entdecken zu können, zu improvisieren, in Tönen zu schwelgen und in fast heiliger Stille zu schweigen. Das habe ich übrigens früh schon gelernt, wie wichtig Pausen sind. In den kurzen Pausen erwacht und gestaltet sich die Musik in den Zuhörern neu, um dann wieder mit Urgewalt die Seele zu umarmen.

Es war immer diese Leidenschaft, die mich an meinen Musikern so begeistert hat. Mit anderen wäre ich nie auf eine Bühne gegangen. Mit Fany spiele ich nun auch schon seit über fünf Jahren und Jo ist mein Partner seit fast 30 Jahren.

Immer waren und sind diese außergewöhnlichen und begnadeten Musiker mit jener Professionalität dabei, die eben nicht abstumpft, sondern immer dazulernt. Auch ich hatte nie das Gefühl, dass mich das Singen und Spielen meiner Lieder – seien sie noch so alt – je langweilen könnte. Und ich entdecke in jedem Konzert eine neue Sicht auf die Poesie und die immer lebendige Musik.

Seit über 40 Jahren singe ich in fast jedem meiner Konzerte mein Lied *Wenn der Sommer nicht mehr weit ist.*

Und ich habe es immer wieder, jedes Mal neu interpretiert. Ein Zuhörer beschwerte sich sogar einmal, dass das Lied nicht so wie auf der CD klinge. Ich konnte dem Mann nicht helfen.

Ich erlebe meine Lieder immer wieder neu. Weiß ich doch, unter welchen Umständen ich die meisten geschrieben habe. Sie flogen mir zu, oft, als ich in meiner Persönlichkeit noch nicht annähernd die Reife hatte, sie zu leben und zu verstehen.

Starkbierfeste oder »der natürliche Feind des Coronavirus«

Der kollektive Rausch auf Starkbierfesten ist in der katholischen Tradition tief verankert. Ohne Pause wird nach den Faschingsfesten in Bayern einfach weitergetrunken. Als »Starkbier« gilt jedes Bier, das mit einer Stammwürze von mindestens 16 Prozent gebraut wurde. Getrunken wird es in möglichst überfüllten Festzelten ohne Abstand, tanzend, singend zur Blasmusik und meist bis zur eng umschlungenen Besinnungslosigkeit. Ein idealer Ort für Viren, und das auch schon in Zeiten ohne Pandemie. Nicht umsonst steigt in Bayern nach der Starkbierzeit und nach dem Oktoberfest jedes Jahr das Husten und Schnupfen rasant an. Aber selbst in Zeiten der Pandemie wurden die bayerischen Starkbierfeste Anfang März 2020 nicht abgesagt, sie fanden sogar unter reger Beteiligung hochrangiger Vertreter der Staatsregierung statt. Zum Beispiel am 7. März 2020 in Ismaning, einer reichen Vorortgemeinde Münchens, mit dem bayerischen Wirtschaftsminister: »Hubert Aiwanger, stellvertretender Ministerpräsident und Vorsitzender der Freien Wähler in Bayern, ist hocherfreut, dass trotz aller Hysterie und Panik mehr als 400 Besucher den Weg zum Starkbierfest gefunden haben«, berichtete die *Süddeutsche Zeitung* am Tag darauf. Als Promi-Gast zog Aiwanger händeschüttelnd ins und durchs Festzelt. Von der Bühne dankte er den Organisatoren: »Gut, dass Sie das Fest nicht abgesagt haben«, und lobte ihren Mut, wie Lokaljournalisten berichteten, um zu verkünden: Starkbierfeste seien »der natürliche Feind des Coronavirus«. Das starke Bier floss in Strömen in diesen Wochen. Aus Tradition? Aus viraler Besinnungslosigkeit?

Auch der Wahlkampf lief einfach weiter auf Hochtouren. Weder wurde die Durchführung der bayerischen Kommunalwahlen am 15. März 2020 verschoben, noch wurden zumindest sinnvolle Hygienekonzepte erarbeitet und umgesetzt. Stattdessen hatten die Verantwortlichen Wahllokale flächendeckend auch in Senioren- und Pflegeheimen untergebracht! Für beide Fehlentscheidungen ist der bayerische Ministerpräsident Markus Söder von der CSU verantwortlich. Diese beiden Großereignisse haben nachweislich in Bayern zu Tausenden Infektionen geführt und damit von Beginn der Pandemie an für unkontrollierbare Infektionsketten sowie eine massive Ausbreitung des Corona-Virus gesorgt. Acht der zehn am stärksten betroffenen Landkreise in Deutschland befanden sich in den ersten Wochen der Pandemie im Freistaat Bayern.

Eine wissenschaftliche Studie des Münchner Helmholtz-Zentrums hat mittlerweile den folgenschweren Effekt der Starkbierfeste wissenschaftlich untersucht. Das Ergebnis der in der *Deutschen Medizinischen Wochenschrift* publizierten Studie ist eindeutig: »Signifikant mehr Fälle« seien sowohl durch die Starkbierfeste als auch durch die bayerische Kommunalwahl registriert worden, schreibt der Experte für Lungenerkrankungen Matthias Wjst. Die Studie geht von hochgerechnet rund 1200 unmittelbaren Covid-19-Ansteckungen durch die Feste aus: »In Landkreisen mit zwei oder mehr Bierfesten war der Effekt besonders groß.« Viele Besucher infizierten sich demnach auf den Starkbierfesten und verbreiteten anschließend das Virus kräftig weiter. Die Kollateralschäden bayerischer Traditionspflege in Pandemiezeiten sind laut Studie mehrere Tausend Infizierte. Dazu seien noch rund 3700 Infektionen der bayerischen Kommunalwahl Mitte

März geschuldet. Söder hätte also die Landratsämter bereits Anfang März anweisen müssen, die Starkbierfeste abzusagen.

Die Kultur der selbstgefälligen Selbstherrlichkeit und nationalistischen Ignoranz ist in Bayern leider auch noch im 21. Jahrhundert weitverbreitet. Das »mia san mir« ist Staatsreligion und Starkbierfeste sind eine heilige Tradition. Südlich von München, hinter dem Brenner, starben zu diesem Zeitpunkt bereits Tausende Menschen an der Pandemie: »Wir können nicht mehr lange so weitermachen«, schlugen verzweifelte ÄrztInnen und völlig überforderte Kliniken Alarm, angesichts des rasanten Anstiegs der Zahl von Covid-19-Kranken in Italien. Erhört wurden die Hilferufe jenseits des Brenners nicht.

Diese beiden Fehlentscheidungen von Ministerpräsident Markus Söder haben maßgeblich zur diffusen Ausbreitung des Virus beigetragen, und Bayern hält seitdem kontinuierlich einen Spitzenplatz unter den besonders von Covid-19 betroffenen Regionen. Masken- und ahnungslos oder doch höchst skrupellos badete Markus Söder noch bis kurz vor der Kommunalwahl Mitte März als Landesvater bei Wahlkampfauftritten in der Menge. Zusätzlich sorgten dann auch noch die rückkehrenden Wintertouristen aus den alpinen Ballermann-Skiorten wie dem österreichischen Ischgl für eine starke Ausbreitung des Virus.

Die verantwortlichen Politiker haben bereits in diesen ersten Wochen der Pandemie versagt. Zur Erinnerung: Im Januar gab es die ersten nachgewiesenen Covid-19-Ansteckungen Deutschlands in Bayern. Und eigentlich konnte seitdem niemand mehr davon ausgehen, dass dieser neue Virus in einer globalisierten Welt ausgerechnet um Europa einen Bogen machen würde. Ob die westlichen Regierungen nur ignorant, vollkommen kopf-, plan- und strategielos, eurochauvinistisch, schlecht beraten oder einfach nur skrupellos waren, werden irgendwann wissenschaftliche Analysen und HistorikerInnen zu beantworten haben.

Was jedoch heute schon klar geworden ist: Der Kampf um die Nachfolge Merkels und die Konkurrenz zwischen den CDU- und CSU-Alphamännern hat seit März 2020 eine tödliche Dynamik entwickelt. Statt demütig um sinnvolle Konzepte zur Bekämpfung der Pandemie zu ringen, kostete das populistische Buhlen um Medienresonanz und Macht ganz real sehr viele Menschenleben. Er sei von »Ehrgeiz zerfressen«, sein Machstreben »pathologisch«, sagte Horst Seehofer bereits 2012 über den Mann, der ihn wenige Jahre später selbst stürzen sollte. Die Konkurrenz der Kandidaten verhinderte in vielen Bereichen eine sinnvolle Bekämpfung der Pandemie und vertuschte bzw. verdeckte die Bereicherung von CSU- und CDU-Politikern oder ihrer Angehörigen an der Preisspekulation für Schutzausrüstung sowie die Korruption bei der Maskenbeschaffung.

Was wir perspektivisch brauchen, sind große Proteste gegen die populistische Machtpolitik à la Söder und Co. von einem möglichst breiten Bündnis sozialer und emanzipativer Bewegungen. Und wir brauchen als ersten Schritt eine echte und umfassende bundesweite Mietpreisbremse, um die schlimmsten sozialen Folgen der Pandemie abzufedern. Nur der Druck einer breiten außerparlamentarischen Solidarität könnte auch den aktuellen grünen Machtopportunismus stoppen. Dann könnte es auch in diesem Land endlich eine Mehrheit für eine soziale und ökologische Alternative zum neoliberalen Kapitalismus und der drohenden Gefahr von rechts geben. Doch dafür müsste es endlich wieder um Inhalte gehen. Denn eine schwarz-grüne Koalition wird das Klima weiter zerstören und die soziale Ungerechtigkeit in diesem Land und weltweit weiter verschärfen. Wer es nicht glaubt, braucht nur nach Baden-Württemberg zu blicken.

Der erste Stream am 22. März 2020

Dann wurde in Bayern der Katastrophenfall ausgerufen und der erste Lockdown verhängt: In unserer Verzweiflung beschlossen wir, unser erstes Streaming-Konzert zu planen.

Mit Fany und Jo und mit Sarah Straub, einer jungen Künstlerin meines Labels »Sturm & Klang«, die gerade die großartige CD *Alles das und mehr* mit meinen Liedern aufgenommen hatte.

Für mich war so was ja völlig neu. Es war mir klar, dass für jüngere KünstlerInnen solche Streams fast schon selbstverständlich sind.

Ich aber hatte keine Ahnung davon. Zum Glück hatte ich in meinem Produzenten Flo Moser und meinem Toningenieur Stefan Gienger kompetente Partner, die das alles in Stefans »Mastermixstudio« organisieren und vorbereiten konnten. Und um das hier am Anfang des Buches gleich dankend in die Welt zu tragen: Ohne mein wunderbares Team in unserem Büro Wecker, Michaela Hammerström und Alexander Kinsky, wäre keines der Konzerte umsetzbar gewesen.

Ohne Alexander, dieses wandelnde Wecker- und Musiklexikon, wüsste ich gar nicht mehr wirklich, was ich in den letzten fünf Jahrzehnten so alles notiert und geschrieben, vertont und orchestriert habe, und ohne Michaela bräche einfach das ganze Büro – rein logistisch betrachtet – jeden Tag aufs Neue zusammen.

Und dann postete ich am 21. März auf Facebook und auf meiner Website:

Poesie in stürmischen Zeiten!

Liebe Freundinnen, liebe Freunde,
Johann Wolfgang von Goethe soll einmal gesagt haben: »Gedichte sind Küsse, die man der Welt gibt.«
Auch wir möchten in Zeiten, die eine körperliche Umarmung ausschließen, mit meinen Gedichten und unserer Musik die Menschen küssen.
So viele Konzerte mussten wir nun absagen und verschieben, und all jenen, die gerne zu uns gekommen wären, können wir nun online eine Freude bereiten.
Am Sonntag, den 22. März, könnt ihr kostenlos und live auf YouTube unser Trio-Konzert »Poesie in stürmischen Zeiten!« mit Fany Kammerlander und Johannes Barnikel sehen. Um 19 Uhr geht es los.
Wir freuen uns auf Euch.

PS: Im Studio werden sämtliche Hygienemaßnahmen entsprechend der Richtlinien des Robert Koch-Instituts eingehalten.

(Das mit den Hygienemaßnahmen war gar nicht so einfach. Wir waren ja alle noch so ungeübt. Nach einem Song ging Jo vom Keyboard zum Flügel und etwas zu nah an mir vorbei. Es kamen sofort einige bitterböse Kommentare.)

Am 22. März war es dann endlich so weit. Wir hielten Abstand und probten mit unseren Kameraleuten, ein großartiges Team, das Flo auf die Schnelle zusammentrommeln konnte. Dann machten wir unseren üblichen Soundcheck und sprachen noch ein paar Übergänge durch – so wie wir es eben immer auf der Bühne vor unseren Konzerten machen. Und dann der große Auftritt ohne Publikum. Ohne Publikum! Kurz vor 19 Uhr war diese schöne Aufgeregtheit bei allen zu spüren, die zu einem Konzertabend eben dazugehört. Aber es fehlte das Rascheln und Raunen im Zuschauerraum. Das Hüsteln und La-chen und ja: die hörbare Vorfreude der Menschen im Saal. Und na-türlich der Beifall! Nach so vielen Jahrzehnten, so denkt man vielleicht, würde einem der Beifall zur Routine werden. Weit gefehlt. Gerade ganz am An-fang, zur Begrüßung, beflügelt einen das Klatschen und die Freude der Menschen unglaublich. Und es war sehr neu und hart für mich, bei meiner Begrüßung nicht in die erwartungsvollen Gesichter mei-nes Publikums, sondern in eine Kamera zu blicken. Und ich war auf-geregter als bei all meinen Konzerten zuvor.

Eine interessante Erfahrung war für mich, dass das Fehlen des Publikums sich hauptsächlich zwischen den Liedern erschreckend bemerkbar machte. Beim Singen selbst und vor allem beim Musi-zieren mit meinen Freunden bin ich meist so tief in mir versun-ken, tief im Augenblick verwurzelt, dass ich manchmal auch frü-her auf der Bühne erst am Applaus merkte, dass da noch jemand da ist. Aber zwischen den Liedern, wenn ich gewohnt bin das Pu-blikum anzusprechen, auch immer wieder zu improvisieren, fehl-te es mir bei diesen Streams am meisten. Als Einführung in diesen Abend sagte ich meinem virtuellen Publikum:

Wie wär's, wenn wir uns durch diese schmerzvolle Krise zu einem kollektiven Umdenken bewegen lassen?

Meinem Traum, meiner Utopie von einer herrschaftsfreien, lie-bevollen und solidarischen Welt bin ich vielleicht näher als jemals zuvor. Meinem Traum von einer Gesellschaft ohne Ausbeuter und neoliberale Profiteure, ohne Waffenhändler, autoritäre Populisten und ohne all die Faschisten, Rassisten, Sexisten, Nationalisten und Kriegstreiber. Es reicht – endgültig!

Vielleicht erkennen erst jetzt viele Menschen diese neoliberale Diktatur, der sie jahrzehntelang aufgesessen sind?

Unsere ach so fürsorglichen Politiker haben über Jahrzehnte die

Gesundheitssysteme zum Zwecke maximaler Profite kaputt privatisiert und vor allem haben sie keinen Plan zum Schutz aller Menschen für eine solche Krise vorbereitet; vielleicht einfach, weil sie daran nichts verdient hätten. Statt nach einem starken Führer zu schreien, sollten wir uns selbst an die Hand nehmen und aufpassen, dass wir nicht denen, die sich jetzt als Herren über jedes Gesetz aufspielen, in Zukunft vertrauen.

Für viele Herrschenden ist das, was zurzeit passiert, eben auch eine perfekte Übung für den dauerhaften Ausnahmezustand oder den Weg in eine Diktatur.

Und als alter Anarcho muss ich sagen: Meine persönliche Freiheit möchte ich mir selbst beschneiden und nicht von einem Herrn Söder oder Kurz oder Macron beschneiden lassen, den ich nie in meinem Leben gewählt hätte. Pfeifen wir auf das Patriarchat! Ja, um uns gegenseitig zu schützen, haben wir Konzerte, Partys und Versammlungen abgesagt (nicht wegen Söder). Und, wenn wir wieder können, werden wir uns umso kraftvoller wieder auf den Straßen versammeln, das Leben feiern und eine andere Gesellschaft durchsetzen. Und was passiert eigentlich jetzt mit den Ärmsten, den Schutzsuchenden an den EU-Außengrenzen, den Geflüchteten und den Obdachlosen? Bekommen die von den Regierenden jetzt eine totale Eingangssperre? Für sie sollten wir alle sofort unsere Stimmen erheben: Nein, jetzt müssen alle menschenunwürdigen Lager abgeschafft werden und die Menschen unsere Unterstützung und Solidarität spüren. Die Washington Post hat jüngst gewarnt, die Gesellschaft nicht zu erwürgen, während man versucht, sie zu retten. Retten wir die Gesellschaft mit Solidarität, Zärtlichkeit, Liebe und Poesie!

Diesen Einleitungstext habe ich nach langen und intensiven Gesprächen mit meinem Freund, dem Journalisten und Autor Michael Backmund geschrieben, Gespräche, für die ich ihm sehr dankbar bin.

Ich habe den Text unterlegt mit ein paar Klavierpassagen meines Willy-Songs. Und dachte damals noch nicht, dass ich daraus noch einen neuen *Willy* 2020 entstehen lassen würde.

Kultur der Repression
oder gelebte Solidarität

Es war ein paar Tage nach unserem ersten Stream, als ich mit meinem Sohn Tamino einen Spaziergang machte. Wir setzten uns zum Ausruhen in Schwabing auf eine Bank und plauderten. Plötzlich waren wir umringt von Polizisten, die uns aufforderten weiterzugehen. Sitzen und vor allem Zusammensitzen sei nicht erlaubt. Nur Gehen oder Laufen. Ich meinte noch, in meinem Alter müsse ich mich doch kurz ausruhen dürfen, hatte aber keine Chance. Also standen wir auf und gingen. Die Polizisten hatten übrigens keine Masken auf. Dagegen hatte meine großartige Mitarbeiterin Michaela in unermüdlicher Hausarbeit begonnen, Masken zu nähen. Erst aus alten Stoffen, die sie noch übrighatte. Dann wurden ihr Stoffe geschenkt. Zu dieser Zeit waren Masken noch richtige Mangelware und viele Politiker zweifelten – vermutlich deshalb – ihre Sinnhaftigkeit an. Michaelas Masken waren verständlicherweise heiß begehrt, und sie verschenkte sie dann auch nicht nur an Freunde, sondern auch an Klinken, Alten- und Pflegeheime.

Es gab in diesen ersten Wochen der Pandemie eben auch eine andere Bewegung: Im März und April haben viele Menschen aus den unterschiedlichsten Bereichen der Gesellschaft schon längst darüber nachgedacht und diskutiert, wie in einer Pandemie, also einem weltweiten Infektionsgeschehen mit einem neuartigen, hoch ansteckenden Virus, insbesondere die besonders betroffenen und gefährdeten Menschen geschützt und unterstützt werden können. In den zahlreichen Initiativen blitzte für kurze Zeit die Solidarität, die Intelligenz und die autonome Selbstermächtigung einer Zivilgesellschaft fernab jeder Markt- und Herrschaftslogik auf, wie sie sich so massenhaft zuletzt im »summer of migration« 2015 manifestiert hatte, als Hunderttausende Menschen menschlich handelten.

Ich werde diesen Gedanken in den letzten Kapiteln meines Buches noch vertiefen. Die neuere Archäologie unterstützt diese Ansicht. Ausgrabungen in China, Pakistan, Peru, Niger und in Timbuktu haben die Spuren von frühen Zivilisationen offengelegt, die ohne Hierarchie organisiert waren. Urbane Zentren, in denen keinerlei Spuren von zentralisierter Macht, von Zitadellen, Burgen, Mauern, kein einziger Ansatz einer Architektur der Inthronisierung und Unterwerfung zu finden ist, obwohl Arbeitsteilung und Spezialisierung schon existierten.

Auch zu Beginn der Pandemie haben sehr viele einfach wieder empathisch und unmittelbar gehandelt und damit anderen geholfen: Sie haben zum Beispiel massenhaft und kostenlos Masken produziert, die in Kinderkliniken bis hin zu Krebsstationen auch der renommiertesten Krankenhäuser von München bis Berlin verwendet worden sind. Schlicht, weil es selbst dort keine professionellen Schutzmasken gab, genauso wenig wie in den Senioren- und Pflegeheimen oder anderen stationären Einrichtungen. Eine unendlich sinnvolle Unterstützung und Hilfe. Und die tief empfundene Freude der PatientInnen, ihrer ÄrztInnen und Pflegekräfte über diese praktische Solidarität hat für mich eine sehr große und nachhaltige Bedeutung. Sie weist uns den Weg in eine gerechtere Welt, viel mehr als die zynische Börsenspekulation mit Aktien aus der Pharmabranche. Anstatt in der globalen Krise die weltweiten Forschungskapazitäten ohne Profit- und Marktinteressen als nichtkommerzialisierbares Allgemeingut für alle Menschen einzusetzen, wurde auf gestiegene Preise für Schutzausrüstung, Beatmungsgeräte und den beginnenden Wettlauf um profitable Impfstoffpatente gewettet.

Stream II und Willy 2020

Am 27. März war ich mit Jo und Fany als Gast bei meiner geschätzten Kollegin Sarah Straub. Sie hatte eine Streaming-Reihe mit dem Namen »Social Distancing mit Herz« ins Leben gerufen, um mit den Spenden auch KünstlerInnen und TechnikerInnen zu unterstützen. Die Sängerin, Pianistin und Liedermacherin Sarah Straub hat an der Uni Landau meinen Songwriting-Kurs besucht und nun auf meinem Label Sturm & Klang eine eigene CD mit meinen Liedern veröffentlicht. Und die ist wunderschön geworden!

Sie ist 40 Jahre jünger als ich und interpretiert meine Gedichte auch deshalb mit ihrer tollen Stimme und ihrem wirklich guten Klavierspiel auf ihre sehr eigene, unvergleichliche Weise. Ich finde es großartig, wenn meine Lieder so in anderen Generationen weiterleben können. Sarah war schon oft bei meinen Konzerten als Gastsängerin dabei, und nun freute ich mich, bei diesem Konzert ihr Gast zu sein.

Auch der Ostermarsch musste diesmal virtuell stattfinden, und ich versuchte dieses Konzert auch diesem mir seit Jahrzehnten so unendlich wichtigen Thema zu widmen. Mein Vater hatte ja – ich habe das in meinen Konzerten immer wieder erzählt – den ungeheuren Mut, den Kriegsdienst in der Nazizeit zu verweigern und wie durch ein Wunder überlebt. Der Pazifismus ist mir praktisch in die Wiege gelegt worden. Pazifismus – dessen bin ich mir bewusst – kann man nicht anderen überstülpen. Man muss sich persönlich dafür entscheiden. Und dann versuchen, diese Idee selbst zu leben.

Und andere dafür zu begeistern. Das versuche ich seit über einem halben Jahrhundert mit meinen Liedern und Gedichten, in Büchern und Interviews und auf unzähligen Demonstrationen. Zu meinem zweiten Livestream-Konzert am 11. April 2020 habe ich neben Sarah Straub auch meine Kollegin Tamara Banez eingeladen, vor allem wegen ihres pazifistischen Liedes *Kriegstreiber*, das sie eigentlich live beim Ostermarsch singen wollte und nun in unserem Stream spielen konnte mit dem Refrain:»Kriegstreiber, Kriegstreiber, Frieden nennst du das? Schönredner, Todbringer! Ich nenn's Menschenhass ...«

Und dann führte ich noch ein virtuelles Gespräch mit meinem Freund Michael Backmund und zwei jungen AktivistInnen aus Berlin zu ihrem Engagement »Rheinmetall entwaffnen«. Dazu später mehr.

Ein paar Tage vor diesem Abend entstand mein *Willy 2020*.

Immer wieder habe ich mich an meinen Willy gewandt, wenn mir das Herz überquoll – meist aus Wut und Verzweiflung.

Der Willy-Song ist ein Talking Blues, und so kann ich mir Luft machen, ohne auf Reim und Vertonbarkeit Rücksicht zu nehmen. Ich erzähle – meist auf bayrisch – einfach drauflos, was mir gerade auf der Seele brennt.

Willy 2020

Mei Willy, jetzt muass i di – i glaub bestimmt zum 10. Mal – in deiner Grabesruhe stören. Ich muss dir des erzählen. Die Welt hat sich mit einem Schlag verändert. Die ganze Welt. Du kannst dir nicht vorstellen, was hier grad los ist. Die Welt ist von einem Virus befallen, und alles, was bisher gültig war, ist auf den Kopf gestellt. Um uns gegenseitig zu schützen, haben wir seit Wochen Konzerte, Partys und Versammlungen abgesagt. Wir haben aus Solidarität und Verantwortungsgefühl für alle Menschen weltweit gehandelt. Und als alter Anarcho muss ich dir sagen:

Meine persönliche Freiheit möchte ich mir selbst beschneiden und nicht von einem Herrn Söder oder Kurz oder Macron beschneiden lassen, den ich nie in meinem Leben gewählt hätte. Pfeifen wir auf das Patriarchat! Es muss nicht immer Party sein im Leben, Willy, und grad du verstehst des sicher, hast du doch dein Leben riskiert, um Faschisten deine Meinung zu sagen. Noch nie in der Geschichte der Bundesrepublik sind die Grundrechte so umfassend und so radikal eingeschränkt worden. Und was mir besonders Angst macht, mein Freund, ist, dass es zum Beispiel nie eine Diskussion gegeben hat über »Alternativen zur Aussetzung der Grundrechte«, wie es Heribert Prantl zu Recht schreibt.

Und gerade all diesen Politikmachos, die sich derzeit so als Überväter aufspielen weltweit, traue ich jederzeit zu, dass sie diesen Zustand der Angst und Einschränkung nur allzu gern behalten wollen. Diesen Zustand eines Staates, in dem Demonstrationen verboten sind und Kultur in den tiefsten Schubladen der Bürokratie verschwindet.

Wir müssen aufpassen Willy, höllisch aufpassen.

Gestern habns die Freiheit begraben und heit …

Und heit, Willy? Aber vielleicht bin ich ja jetzt trotzdem meinem Traum von einer herrschaftsfreien, liebevollen und solidarischen Welt näher als jemals zuvor? Meinem Traum von einer Gesellschaft ohne Ausbeuter und neoliberale Profiteure, ohne Waffenhändler und ohne Faschisten, Rassisten und Kriegstreiber.

Vielleicht erkennen erst jetzt viele Menschen diese neoliberale Diktatur, der sie jahrzehntelang aufgesessen sind?

Unsere ach so fürsorglichen Politiker haben über Jahrzehnte die Gesundheitssysteme zum Zwecke maximaler Profite kaputt privatisiert und vor allem haben sie keinen Plan zum Schutz aller Menschen für eine solche Krise vorbereitet; vielleicht einfach, weil sie daran nichts verdient hätten.

Statt nach einem starken Führer zu schreien sollten wir uns selbst an die Hand nehmen und aufpassen, dass wir nicht denen, die sich jetzt als Herren über jedes Gesetz aufspielen, in Zukunft vertrauen. Für viele Herrschenden ist doch das, was zurzeit passiert, eben auch eine perfekte Übung für den dauerhaften Ausnahmezustand oder den Weg in eine Diktatur.

Wir haben unsere Erde aus reiner Profitgier kaputt gewirtschaftet und merken gerade, wie sie wieder etwas atmen kann, in Venedig schwimmen wieder Fische, ohne Kreuzfahrtschiffe und Partybomber, in den Großstädten kann man wieder etwas Luft holen, ja, vielleicht spüren jetzt viele von denen, die sich noch vor nicht allzu langer Zeit über Greta lustig gemacht haben, wie recht diese großartige junge Frau hat?

Vielleicht lernen wir jetzt mal diese so überlebenswichtige Solidarität von unten?

Wir müssen wieder wagen zu träumen, radikal und mutig, und du weißt es mein Freund – ich hab mich nie geschämt dafür ein Träumer, ein Spinner zu sein und als Utopist verlacht zu werden.

Und was ich mir erträume ist mehr als eine Revolution.

Es ist die radikale Umwälzung der Werte unserer wertlosen Gesellschaft. Es sind Menschen, die miteinander suchen, hoffen, sündigen, verzeihen. Menschen, die sich anlächeln statt sich im Wettbewerb um den besseren Job fast umzubringen.

Ich will in keiner Gesellschaft leben, in der all jene am miesesten entlohnt werden, die die wirklich wichtige Arbeit verrichten: KrankenpflegerInnen, HospizarbeiterInnen und ach so viele mehr. Und wo die unwichtigsten Berufe am besten bezahlt werden. Ich denke ihr wisst, welche ich meine.

Und vielleicht verstehen jetzt viele Menschen in dieser Krise, dass die Güter und Ressourcen dieser Welt allen gehören sollen: Bildung, Gesundheit, Wohnung, sauberes Wasser, Essen.

Wie konnten wir jemals zulassen, dass Luft, Erde, Wasser oder der genetische Code von Pflanzen und Tieren zu Privateigentum gemacht wurden und werden?

Jetzt ist die beste Gelegenheit, über Enteignung zu sprechen.

Mal ganz konkret, Willy: Wir sollten endlich die Türen der jetzt ohnehin nutzlos leer stehenden Luxushotels in München und Berlin und überall öffnen für die schutzsuchenden Menschen aus den Kriegsgebieten dieser Welt! Für die Schutzsuchenden aus Syrien, aus Kurdistan, aus Afghanistan, Somalia und dem Irak, für die Geflüchteten aus den menschenunwürdigen Lagern an den EU-Außengrenzen wie in Moria auf Lesbos oder den Folterlagern in Libyen, die jetzt besonders schutzlos diesem Virus ausgeliefert sind.

Im Bayerischen Hof in München treffen sich jedes Jahr die Kriegsstrategen der Nato und die Rüstungsmanager von Rheinmetall und Heckler & Koch. Was wäre das doch für ein großes Fest des Friedens und der Liebe, wenn in diesem Hotel die traumatisierten Kinder und Familien, die vor den Waffen und Kriegen dieser Männer des Todes fliehen mussten, in Frieden leben könnten.

Jetzt ist es an der Zeit, den Stopp aller Rüstungsproduktionen und Rüstungsexporte zu fordern, und es ist Zeit für einen Waffenstillstand weltweit, ein Waffenstillstand, der vielleicht den Menschen zeigen würde, dass Frieden sehr viel erstrebenswerter ist.

Jetzt ist es an der Zeit, auf die wunderbare Hannah Arendt zu hören: Kein Mensch hat das Recht zu gehorchen.

Gehorsam kann nie eine Rechtfertigung sein für das eigene Handeln. Oder Nichthandeln.

Wir sollten weltweit Schulen des Ungehorsams gründen!

Willy, jetzt ist es an der Zeit, über die Utopie zu sprechen einer herrschaftsfreien Welt, wo der Menschen Miteinander unser Sein zusammenhält.

Jetzt könnten wir erkennen, dass wir alle Wesen einer Gemeinschaft sind und nicht gemeine Wesen, zu denen uns der Neoliberalismus immer erziehen wollte.

Und wir müssen jetzt und sofort unsere Stimme erheben für die Schutzsuchenden, für die Geflüchteten, Gefangenen, Obdachlosen.

Vielleicht kommen wir jetzt alle der Erkenntnis näher, dass wir alle eins sind? Wie ich es seit vielen Jahren immer wieder singe:

... es ließ mich erkennen
wir sind nicht zu trennen
woher wir auch stammen
wir sind eins und zusammen ...

Wia hast as gsagt damals Willy, vor über einem halben Jahrhundert:

Freiheit, des hoasst koa Angst habn vor nix und neamands!

Gestern habns an Willy daschlagn,
aber heit, aber heit aber heit, heit halt ma zsamm.

Gestern habns an Willy daschlagn,
und ab heit, ab heit ab heit halt ma zsamm.

Die Kultur des Sterbens

Viel haben wir in diesen Wochen über den Tod und das Sterben gesprochen. Den eigenen und den anderer. Und vor allem haben wir über die Bedeutung und unsere Erfahrungen gesprochen, die wir erleben durften, wenn wir Menschen in den Tod begleiten konnten. Wir haben über das Leben und das Sterben gesprochen. Über den grausamen und den verhinderbaren Tod. Darum geht es bei Kriegen, aber leider auch bei einer solchen Pandemie, wenn sie von den verantwortlichen PolitikerInnen viel zu lange verschlafen bzw. nicht ernst genug genommen worden ist. Und danach erst mal nur die Wirtschaft und die Profite und nicht die Menschen effektiv geschützt worden sind. Bereits in den ersten Wochen beschäftigte uns in unseren Gesprächen die fatale Plan-, Kritik- und Konzeptionslosigkeit der Politik und Verwaltung. Und die nach unserer Ansicht völlig falsche Prioritätensetzung der Maßnahmen.

Wir diskutierten aber auch über unseren Eindruck und die ersten Hinweise darauf, dass einige PolitikerInnen offensichtlich Gefallen daran fanden, die Pandemie als Bühne ihrer eigenen Machtambitionen zu missbrauchen und es ihnen dabei auch nicht zu peinlich zu sein schien und scheint, sich als Helden im harten Kampf gegen die virale Gefahr zu produzieren und notfalls auch auf Kosten von Menschenleben ihren eitlen Wettkampf um die Kandidatur als Bundeskanzler zu präsentieren. Ein Szenario, das uns angesichts der bevorstehenden globalen Krise erschaudern ließ. Allein schon der Anstand und die Demut gegenüber den Sterbenden und Kranken hätte einen solchen Machtmissbrauch verbieten müssen. Umso erschreckender, dass noch nicht einmal in den Medien ein Aufschrei der Empörung diesem Schau- und Wettlauf der Kandidaten ein Ende bereitet hat, genauso wenig, wie die meisten Medien den Kandidaten Merz als Lobbyisten der weltweit größten Investmentfirma BlackRock als inakzeptabel unter die Lupe genommen haben und der jetzt ausgerechnet Wirtschaftsminister werden will.

Mir fehlte die Bühne, meinem Freund in dieser Situation die Plattform journalistischer Kritik und schonungsloser Aufklärung. Wir arbeiteten bereits an den nächsten noch politischeren digitalen Konzerten. Doch wir wollten auch als KünstlerInnen, JournalistInnen und antimilitaristische AktivistInnen einen Diskurs für eine solidarische Bekämpfung der Pandemie führen.

Umso wichtiger wurde uns in unseren Gesprächen, andere Formen der Kommunikation zu entwickeln: also das Schweigen künstlerisch und politisch zu durchbrechen.

Wer jemals einen geliebten Menschen eventuell über viele Tage und Nächte beim Sterben begleitet hat und begleiten durfte, der oder die wissen, welche Bedeutung diese Erfahrung für die Sterbenden und die Lebenden hat. Auch deshalb engagiere ich mich seit vielen Jahren für die Hospiz-Bewegung und eine würdevolle Sterbebegleitung. Die Politiker und Politikerinnen, und in diesem Fall sind es gerade vorwiegend Männer, die uns ein würdiges Sterben und Beerdigen unserer Liebsten verbieten, können das nicht erlebt haben. In meinem Buch *Die Kunst des Scheiterns* (2007) habe ich über das Sterben meines Vaters geschrieben:

Vater lag nicht, Vater saß im Sterben und er fühlte sich prächtig.
»Spinnst a biss'l Bub, hab ich mir sagen lassen.«
»Wie soll man sonst sein Leben halbwegs anständig über die Runden kriegen« versuchte ich ihn zu zitieren.

»Recht so, Konstantin, lass dir nicht dreinreden. Ich hab auch vor, als Narr zu sterben. Alle wollten mir erzählen, wo's langgeht, gefolgt bin ich nur der inneren Stimme. Ich hab sie ausgetrickst, die Besserwisser.«

Er winkte mich ganz nah zu sich heran: »Die Komödie ist fertig, ich werd sie drüben aufführen.«

Seine Stimme war immer noch klar und ungebrochen, nur drang sie jetzt von überallher direkt in mein Herz. Vater bewegte nämlich die Lippen gar nicht, als er sprach. Und auf einmal hatte ich das Gefühl, dies sei die Vollendung des Gesangs, nicht mehr durch die Ohren zu vernehmen, sondern eingebettet im Weltenraum und in vollendeter Harmonie mit allem was tönt und klingt und sich in Wellen bewegt, nur dem verständlich, der sich aufmacht, diese Welt zu hören.

»Es lebt sich gut als Versager, und ich hab es nie bereut, immer in der zweiten Reihe anzustehen. Man wird nicht beneidet und hat viel mehr Platz, um sich zu weiten. Mutter hat mich nie ganz verstanden. Sie hat all ihr Verstehen für dich verbraucht.«

Wir schwiegen lange.

»Hörst du die Musik?«

»Ja, Vater, ich höre sie. Jetzt, Vater, jetzt kann ich sie hören.«

Und wie ich hörte!

Wir steckten die Köpfe zusammen und schwiegen und lauschten den schönsten Klängen, als hätten sich alle Komponisten, die er sein Leben lang verehrt und nie verraten hatte, zusammengetan, um ihm in dieser letzten Stunde ein Ständchen zu widmen. Was war das für ein Zusammenklang von Liebe, was für ein wehes und leides und doch gleich drauf wieder jubilierendes Tönen, und ich hörte Vater noch einmal singen, nicht mehr durch Stimmbänder verfälscht, sondern als sei sein Gesang schon mit den Stimmen der Engel verwoben, als winke ihm Verdi schon mit dem Taktstock zu und führe eigens für ihn noch einmal sein himmlisches Lacrimosa auf. Was für ein Gesang, und alles erlebte sich aus dieser stillen Nähe unserer närrischen, schwärmerischen Seelen, und dann geleitete ich meinen immer noch spitzbübisch lächelnden Vater geradewegs auf den Tönen seines eigenen Gesanges nach Hause.

Bis heute hat die Regierung bzw. ihre Krisenstäbe verfügt, Menschen mit Covid-19 alleine und einsam sterben zu lassen. Medizinische Gründe gibt es dafür kaum: Auch Pflegekräfte müssen sich täglich der Gefahr einer Ansteckung bei schwerkranken Covid-Patienten aussetzen. Mit welchem Recht soll uns die Anwesenheit verweigert werden? Bis auf ganz wenige Ausnahmen, wo Menschen mutig genug waren, ob nun Verantwortliche im Pflegebereich, ÄrztInnen und Angehörige, sind mittlerweile viele Zehntausende Menschen verstorben, ohne ihre Liebsten oder zumindest einen vertrauten und lieben Menschen um sich und bei sich zu haben. Umso mehr hat es uns gefreut, dass so viele Menschen unser großes Antikriegskonzert am Ostersamstag live gesehen haben und es bis heute tun. Der Tod und das Sterben waren und sind für uns zentrale Momente der Auseinandersetzung über einen solidarischen und menschenwürdigen Umgang mit dieser Pandemie.

Von meinem Freund, dem Journalisten, Autor und Filmemacher Michael Backmund, habe ich vorhin schon gesprochen. Er war und ist mir in diesen Zeiten eine große Hilfe. Sein fundiertes politisches Wissen, seine klare antifaschistische und antirassistische Haltung und auch sein nie ermüdendes Engagement für soziale Gleichheit haben mich immer wieder aufgebaut, wenn ich am Ermüden war.

An diesem Abend führten wir ein Gespräch über die soziale Isolierung alter und dementer MitbürgerInnen und darüber, wie sie in der Pandemie vernachlässigt werden.

Und so haben wir zu den vielen Liedern gegen Krieg und Zerstörung im Studio auch über das Sterben gesprochen.

Einen leicht gekürzten und überarbeiteten Ausschnitt dieses Gesprächs will ich an dieser Stelle wiedergeben:

Konstantin Wecker: Schön, dass du da bist. Wir kennen uns ja nun schon seit Jahrzehnten, wir haben auf so vielen Demos miteinander gekämpft und fast jedes Jahr gegen die Münchner Sicherheitskonferenz demonstriert – damals noch mit dem wunderbaren Martin Löwenberg zusammen und so vielen anderen Mitstreiterinnen und Mitstreitern. Aber was mich im Moment am Allermeisten bewegt, dass die Sterbenden ihre Familien nicht mehr am Sterbebett haben können. Darüber möchte ich mit dir reden, weil du Medizinjournalist bist und dich da wirklich sehr gut auskennst.

Michael Backmund: Und sie nicht beerdigen können.

Konstantin: Und nicht mehr beerdigen können. Und das ist so furchtbar. Ich habe meinen Vater und meine Mutter beim Sterben begleiten können. Wie siehst du das?

Michael: Also für mich ist ganz klar, dass alle, die das erlebt haben, wissen, wie wichtig das ist. Auch du und ich durften das erleben, zum Beispiel haben wir noch mit Freunden an dem Tag, an dem Martin Löwenberg gestorben ist, den du ja auch sehr gut gekannt hast und den wir zusammen im Krankenhaus besucht haben, besucht und waren noch lange bei ihm. Ich habe auch andere, ganz enge liebe Menschen teilweise über viele Tage beim Sterben begleiten dürfen, und ich weiß, wie wichtig das für die Sterbenden, aber auch für uns als Lebende ist. Das ist ein Riesengeschenk und eine große Erfahrung. Und ich kann nur als Medizinjournalist sagen, es gibt medizinisch keinen Grund, warum staatliche Stellen uns das verbieten. Diese Maßnahmen sind menschlich grausam. Und ich denke, dass über diese Maßnahmen hoffentlich, wenn die Corona-Krise vorbei sein wird, hinterher die Verantwortlichen Rechenschaft ablegen müssen.

Konstantin: Man hätte ja schon viel früher zum Beispiel VW und Audi anweisen können, Schutzmasken herzustellen.

Michael: Ich verstehe das aus medizinischer Sicht sowieso nicht. Also spätestens Ende Januar, Anfang Februar haben alle Kolleginnen und alle Medizinexperten, die schon mal irgendwie was mit einer Pandemie und einer möglichen Pandemie zu tun hatten, erkannt, dass es höchst unwahrscheinlich ist, dass der Virus nur in Asien bleibt, sondern wahrscheinlich auch hierherkommt. Ich kann es überhaupt nicht nachvollziehen, warum die Politik nicht spätestens ab Anfang Februar oder vielleicht Mitte Februar zum einen, einen absoluten Preisstopp erlassen hat, damit nicht mehr spekuliert werden darf mit lebensnotwendigen Beatmungsgeräten und mit lebensnotwendigen Schutzmasken. Jetzt werden irrsinnige Profite damit gemacht und es gibt immer noch keinen Preisstopp. Und natürlich hätten, wie du sagst, die Fabriken angewiesen werden können, keine Luxus-SUVs mehr zu produzieren – die brauchen wir jetzt eh nicht mehr, und Greta hat ja recht, dass wir sie überhaupt nicht mehr brauchen –, sie hätten einfach Schutzausrüstungen und Masken produzieren können.

Konstantin: Und damit kommen wir auch zum Hauptthema des heutigen Abends: Man hätte die Waffenfirmen anweisen müssen, medizinische Geräte herzustellen, statt diese schrecklichen Waffen, an denen sie ja noch weiterhin ganz viel Geld verdienen.

Michael: Wir sind beide lange in der Antikriegsbewegung und Friedensbewegung aktiv über viele Jahrzehnte. Ich halte es für einen Riesenskandal, dass heute immer noch Waffen produziert werden und die Waffenhändler daran verdienen und die Kriege nicht sofort gestoppt werden. Es sterben täglich, auch während der Corona-Pandemie, Menschen an deutschen Bomben, an deutschen Waffen. Und deswegen bin ich so froh, dass wir jetzt zwei junge AktivistInnen aus Berlin zuschalten können, die uns dazu was erzählen können, weil sie nämlich aktiv sind in der Kampagne »Rheinmetall Entwaffnen«.

Hallo Anna, hallo Thomas, schön, dass ihr da seid und von Berlin aus uns ein paar Fragen beantwortet. Ihr seid ja AktivistInnen dieser Kampagne. Was will die Kampagne Rheinmetall Entwaffnen?

Anna: Genau. Hallo, vielen Dank erst mal für die Einladung. Wir als Bündnis haben uns den Konzern Rheinmetall exemplarisch rausgenommen, weil er als größter Rüstungsproduzent Deutschlands und auch einer der größten in Europa eben für uns für eine Gesellschaft steht, in der Profite wichtiger sind als Menschenleben. Und Rheinmetall ist aktuell mit seinen Exporten beteiligt am Jemen-Krieg, aber auch am Syrien-Krieg, an der Grenzsicherung in Nordafrika. Und dort sterben Tausende Menschen und werden in Armut gebombt, und damit steht Rheinmetall unserer Vorstellung von einem Leben, von einem friedlichen Leben, einem guten Leben für alle diametral entgegen. Und deshalb fordern wir den sofortigen Stopp aller Rüstungsexporte und langfristig natürlich die Einstellung der Produktion von Kriegsgütern und Waffen.

Michael Backmund: Ihr habt ja letztes Jahr schon eine ziemlich spektakuläre Aktion gemacht. Ihr habt die Hauptaktionärsversammlung von Rheinmetall in Berlin Anfang Mai für über eine Stunde unterbrochen. Jetzt hat Rheinmetall für den 5. Mai in Berlin wieder eine Hauptaktionärsversammlung angekündigt. Muss sie nicht wegen Corona abgesagt werden?

Thomas: Also, das ist wirklich eine unglaubliche Geschichte, weil, um mal andersrum anzufangen, Deutschland, wie du das auch schon gesagt hast, hat es ja bis heute nicht geschafft, ausreichend Schutzkleidung und medizinische Ausrüstung zu produzieren zum Schutz vor COVID-19, und gleichzeitig schafft Deutschland es aber innerhalb kürzester Zeit, das Aktiengesetz zu ändern, damit eben zum Beispiel Konzerne wie Rheinmetall ihre Aktionärsversammlung jetzt nur noch und ausschließlich online stattfinden lassen können.

Michael Backmund: Eine kurze Nachfrage: Also nach Gesetz müsste eine Aktionärsversammlung eigentlich physisch stattfinden und sie haben das in den letzten Tagen geändert? Das ist mir neu.

Thomas: Genau. Das Aktiengesetz haben sie jetzt vor Kurzem geändert, und Rheinmetall hat sofort die Gelegenheit genutzt und die Versammlung vom 5. Mai auf den 19. Mai in den digitalen Raum verschoben. Und macht damit natürlich auch Protest und Kritik an dieser Versammlung unmöglich, und daran sieht man – finde ich – auf ziemlich zynische Weise, dass die Waffengeschäfte derzeit quasi zu einem sicheren Hafen für Kapitalanleger gemacht werden sollen. Man kann daran sehen, das Rüstungsgeschäft läuft gerade auf Hochtouren, und gleichzeitig sind Schulen, Kitas geschlossen und es werden demokratische Rechte massiv ausgesetzt.

Konstantin Wecker: Kann man sagen, dass dieses Aktiengesetz wahrscheinlich wegen Rheinmetall geändert wurde?

Anna: Ich denke, nicht nur wegen Rheinmetall, sondern grundsätzlich für alle börsennotierten Unternehmen, aber der Gedanke dahinter wird natürlich sein, dass die Wirtschaft auf jeden Fall am Laufen gehalten werden soll, vor allen Dingen auch die – sage ich mal, wie es heute heißt – systemirrelevanten Unternehmen, die quasi nicht zum Wohle der Menschen produzieren.

Michael Backmund: Jetzt hätte ich noch eine Abschlussfrage, da ich es medizinisch auch für völlig unnötig halte, Demonstrationen und Protest zu verbieten. Es wäre durchaus möglich, dass wir uns alle auf großen Plätzen mit Sicherheitsabstand und Schutzmasken versammeln, um die Maßnahmen, die die Regierung jetzt trifft, auch kritisch zu hinterfragen – das ist das wichtigste Grundrecht, das wir haben, die Versammlungs- und Demonstrationsfreiheit: Was plant ihr für den 19. Mai?

Anna: Wir haben erst mal gesagt, dass wir uns von dieser Verschiebung nicht aus der Ruhe bringen lassen, wir haben uns aber auch schnell entschieden, dass wir auch sagen, wir lassen uns dieses physische Recht auf Protest nicht nehmen, wir sehen das als einen grundsätzlichen Angriff auf demokratisch erkämpfte Bürgerrechte, die wir haben. Und den werden wir so nicht hinnehmen und haben uns jetzt Gedanken gemacht, was wir weiterhin machen können.

Michael Backmund: Dann sind wir total gespannt, wünschen euch alles Gute …

Konstantin Wecker: Ja. Alles Gute!

Thomas: Genau, und an alle frohe Ostern vor den Bildschirmen!

Über das Gespräch mit diesen erfrischend aktivistischen jungen Menschen haben wir uns sehr gefreut und ein wenig Hoffnung geschöpft, dass es auch in diesen finsteren Zeiten, in denen aus Mangel an Solidarität unzählige Menschen sterben wie in Italien oder wie im Jemen durch Bomben getötet werden, dass es überall Menschen gibt, die aktiv sind auf der Suche nach einer besseren Welt. Umso mehr war es mir an diesem Ostersamstag vor allem auch eine Herzensangelegenheit, meine italienischen Freundinnen und Freunde in ihrer Sprache zu grüßen, bevor wir *Bella Ciao* auf Deutsch und Italienisch gesungen haben:

Liebe FreundInnen in Italien. Ich kann eure Wut auf die deutsche Regierung und über die mangelnde Solidarität mit euch sehr gut verstehen. Vermutlich hätten Tausende gerettet werden können, die sterben mussten, weil sie nicht in die nur wenige Stunden von Norditalien entfernten österreichischen, deutschen und Schweizer Kliniken verlegt worden sind.

Das ist eine Schande und nationalistischer deutscher Egoismus. Noch vor der letzten Wahl haben unsere PolitikerInnen uns doch versichert, dass wir alle EuropäerInnen sind. Das gilt offensichtlich nur, solange die reichen Länder ihre Waren exportieren können und Firmen aufkaufen, aber nicht, wenn es um die Hilfe für Menschen geht. Mit vielen anderen aus ganz Europa habe ich vor wenigen Tagen einen Aufruf unterzeichnet. Darin fordern wir: »Im Interesse der betroffenen Kranken und der besonders bedrohten Insassen der Flüchtlingslager und Pflegeheime muss dringend und großzügig gehandelt werden. Wenn dies nicht geschieht, werden Tausende sterben, obwohl ihnen hätte geholfen werden können. Dies wäre dann auch das Ende des europäischen Integrationsprozesses. Nichthandeln bedeutet unterlassene Hilfeleistung. Solidarität rettet Menschenleben! Die Unterzeichnenden sehen diese Forderungen nach humanitärer Soforthilfe nur als den ersten Schritt hin zu weltweiter Solidarität.«

Doch die Verantwortlichen in Berlin und Brüssel, in Bern und Wien haben nicht »großzügig gehandelt«. So ging das Sterben in der Lombardei und an den Außengrenzen Europas einfach weiter – und auch in deutschen Pflegeheimen. Meine italienischen Freundinnen und Freunde leiden nicht nur an der Pandemie, sondern am Mangel an Empathie und an der fehlenden Solidarität aus ihren Nachbarländern. Ihre Angehörigen starben in dieser ersten Welle nicht irgendwo weit weg, unerreichbar bzw. zu fern für einen Transport: Zwei bis drei Autostunden entfernt von lebensrettenden Intensivbetten und (noch) ausgeruhten Fachkräften in österreichischen, deutschen oder Schweizerischen Kliniken starben Ende März, Anfang April Menschen, weil es an allem fehlte. An Beatmungsgeräten, an Schutzausrüstung, an ausgeruhtem Personal.

Doch statt Hilfe aus den reichen Ländern Europas zu erhalten, landeten Ärztinnen und Ärzte aus dem sozialistischen Cuba in Italien, um Akuthilfe zu leisten. Es war und ist beschämend.

Im Rückblick gehört die unterlassene Hilfeleistung für Tausende Sterbende in völlig überforderten norditalienischen Kliniken zu einem der folgenreichsten Fehler, der Europa erneut in eine nationalistische und egoistische Kleinstaaterei stürzte, was sich im Kampf gegen eine Pandemie als tödliches Versagen herausstellen sollte. Anstatt mit einer gemeinsamen und langfristigen klugen Strategie ein Virus zu bekämpfen.

Statt koordinierter Maßnahmen folgte ein desaströses Aneinanderreihen hilfloser, zeitlich versetzter Symbolpolitik. Und dazu die Arroganz der reicheren Länder, die »besser« durch die erste Welle gekommen zu sein schienen, um dann ohne Konzept mit Millionen Touristen den Virus auch noch in die letzten Ecken des Kontinents zu verbreiten. Um dann nach der Rückkehr aus dem Urlaub erstaunt feststellen zu müssen, dass sich die Pandemie jetzt auch in Deutschland unkontrolliert ausbreitet.

Das war ein fataler Fehler, der seitdem immer mehr Menschen das Leben kostet. Dabei hatten viele Fachleute, Betroffene und AktivistInnen seit dem Frühjahr immer wieder gefordert, dass ein effektiver Schutz aller besonders gefährdeten Menschen und des Personals in stationären Einrichtungen durch den systematischen und täglichen Einsatz von Schnelltests absolute Priorität haben müsste. Die hatte es aber bei den Verantwortlichen bis Mitte Dezember 2020 (!) leider nicht, als die zweite Welle bereits in vollem Gange war. Das Fehlen eines verbindlichen, flächendeckenden und gezielten Testkonzepts kostete allein zwischen dem vergangenen November und Ende Februar 60.000 Menschen das Leben, laut ersten Erkenntnissen über die Hälfte davon allein in deutschen Pflegeheimen. Aber auch Hunderte Pflegekräfte sind bereits an Covid gestorben. Bis heute haben die verantwortlichen PolitikerInnen für ihre tödlichen Versäumnisse und Fehler nicht die Verantwortung übernommen.

Im globalen Maßstab wird das Totalversagen des Kapitalismus im Kampf gegen die Pandemie leider noch deutlicher. Wie der Begriff Pandemie eigentlich schon deutlich macht, müsste ein erfolgreiches Konzept gegen ein solches Virus zwingend global und solidarisch statt egoistisch und nationalstaatlich gedacht und umgesetzt werden. Das heißt konkret: Wirksame Impfstoffe und Medikamente müssen allen Menschen weltweit zur Verfügung stehen. Sonst werden wir das Virus nicht unter Kontrolle bringen. Die Konsequenz aus dieser Erkenntnis ist ganz einfach: Die Preisspekulation und der Profitwettlauf sollten sofort beendet werden, Patente für lebensrettende Impfstoffe müssen sofort abgeschafft werden und es darf sie nie wieder geben. Der Kapitalismus ist kurzsichtig und eigennützig. In einer Pandemie, in Fragen von Leben und Tod endet das tödlich.

Stirb ma ned weg

Es ist schon erstaunlich, aber vielleicht auch folgerichtig, wie mich manche Lieder, die ich vor langer Zeit geschrieben habe, plötzlich wieder erreichen. Nicht nur erreichen, sondern manchmal sogar völlig neu berühren. Das Lied *Stirb ma ned weg* hatte ich in einer Zeit geschrieben, in der es mir gar nicht gut ging, und erstmals 1994 auf der CD *Wenn du fort bist* veröffentlicht. Ich hatte große Drogenprobleme, war zutiefst depressiv, bis auf die wenigen Sekunden des High-Seins, und wusste, dass es so nicht mehr weitergehen kann. Nur eine Lösung für mein Problem hatte ich nicht, denn von meinen Drogen zu lassen war damals einfach undenkbar für mich.

1987 war die Krankheit Aids in aller Munde. Das fachte eine latent stets vorhandene Homophobie wieder an. Die Achtzigerjahre waren geprägt von einer diffusen Angst, von Feindseligkeiten und Mitleidslosigkeit gegenüber infizierten Homosexuellen und Drogenabhängigen. Peter Gauweiler von der CSU setzte sich für scharfe Anti-Aids-Regelungen in Bayern ein – mit Zwangstests für Prostituierte, Drogenabhängige und angehende Beamte. Horst Seehofer wollte Aidskranke sogar in »speziellen Heimen« sammeln. Auf Gauweilers Betreiben hin, der 1986 vom Münchner Kreisverwaltungsreferenten zum Innenstaatssekretär der bayerischen Staatsregierung aufgestiegen war, verabschiedete das bayerische Kabinett einen bundesweit einmaligen Maßnahmenkatalog gegen Aids. Darin enthalten waren Zwangstests von Prostituierten und Fixern auf HIV, mit Hilfe der Polizei.

Ich schrieb dieses Lied in einem Moment tiefer Verzweiflung und hatte schon am Flügel die Idee, es mit Lucio Dalla zu singen. Ich liebte und verehrte Lucio wegen seiner wunderschönen Lieder und vor allem wegen seiner atemberaubenden Stimme. Zu meiner großen Freude sagte er zu und wir nahmen in Bologna in seinem Studio das Lied auf.

Und nun, 35 Jahre älter, hat mich dieses Lied wieder eingefangen. Ist es, wie damals, auch ein Hilferuf an mich selbst?

Hat es mit Lockdown und Corona zu tun? Oder schlichtweg mit meinem Alter? In meinem Konzert in Wien, von dem ich später noch erzählen werde, spielte ich es ganz bewusst als allerletztes Lied. Denn sicher ist es auch ein Ruf an mein Publikum, mir nicht wegzusterben in diesen stürmischen Zeiten. Und gemeinsam gegen jeden Ansatz von Homophobie und Diskriminierung vorzugehen:

Stirb ma ned weg,
geh no ned hoam,
nix könnt ma trostloser sei.
Bin ohne di koa Melodie,
fühl mich so einerlei.

Bist doch verwebt mit mir,
hast Dich verlebt mit mir
und i stirb mit in Dir,
warst doch so voller Gier
nach diesem Jetzt und Hier,
nach'm Leben, nach Dir und mir.

Und jetzt z'reißts ma die Brust,
sogar i habs ned g'wußt,
so perfekt hast Dei Sterben versteckt.
Ois aus Furcht vor die Leit,

die's so unheimlich g'freit,
wenn oana am Vögeln verreckt.

Anstatt Dir beizustehn,
wolln's Dich verurteilt sehn,
hänga am Krankn no,
Schuld oder Unschuld o,

Denn sie hassen halt eben
alle, die schweben
für das, was sie selber
versäumt habn zu leben.

Doch, ob guad oder schlecht,
Du warst wenigstens echt
und der Tod vergißt nia auf die Leit.
Und dann, ganz alloa,
weans auf oamoi ganz kloa,
dann is aus mit der Selbstherrlichkeit.

Und drüb'n, meiner Seel,
ja, i woaß, da wird's hell
und was koid war wird unendlich warm.

Spätestens seit der bayerischen CSU-Hatz auf Aidskranke und
Schwule Ende der 1980er-Jahre sollte es sich eigentlich herumge-
sprochen haben, dass mit Angst, Stigmatisierung und Abschreckung Pandemien und Seuchen nicht erfolgreich bekämpft werden
können. Angst, Abschreckung, Drohungen und Repression sind
langfristig Pandemiebeschleuniger. Stattdessen helfen nachhaltige
Aufklärung und durchdachte Angebote sowie vor allem Solidarität,
Unterstützung, Hilfe und Schutz. In ihrer Kolumne vom 5. Dezember

schreibt die von mir hochgeschätzte Schriftstellerin und Dramatikerin Sybille Berg auf SPIEGEL ONLINE zum »Umgang mit dem Tod«: »Ich finde: Im Moment wird das Aussterben bestimmter Bevölkerungsanteile mit einer Dreistigkeit verhandelt, die mich ratlos macht. Das ist der Endpunkt der bewusst geförderten Entsolidarisierung und des Wettbewerbs gegeneinander. Nicht mal im Sterben hat man seine Ruhe. Sterben heißt jetzt: Er/sie hat den Kampf verloren! Wettbewerb bis zum letzten Atemzug, der jetzt an Codeketten outgesourced wird, die noch effektiver und genauer den Wert des Einzelnen ermitteln.

Im Moment sterben also vornehmlich ältere, kranke Menschen, ich weiß nicht, ob die Pandemie anders gehandhabt würde, wenn es ausschließlich weiße männliche mittdreißig- bis mittfünfzigjährige Manager träfe. Geheimbezeichnung: Managerpest. Oder nur Milliardäre. Eine brutale Seuche geht um. Ihr Name ist weder Covid noch Corona, sondern Spätkapitalismus.«

Berg hat recht. Und doch habe ich Hoffnung. Systeme lassen sich stürzen und durch Revolutionen verändern. Beginnen sollten wir unter anderem damit, für unser Recht auf eine würdevolle Begleitung sterbender Menschen zu streiten.

Kultur des Erinnerns I –
Befreiung der KZs

Ich bin sehr dankbar, dass ich von frühester Kindheit an Menschen begegnen und kennenlernen durfte, die ihr Leben lang antifaschistisch gedacht und gehandelt haben. Als Erstes meinen Eltern. Mit meiner bis ins hohe Alter engagierten Mutter war ich gemeinsam auf so vielen Demonstrationen gegen Rassismus und Krieg. Und so war mir die Kultur des Erinnerns immer eine Herzensangelegenheit. Nicht zu vergessen und zu erinnern ist für mich eine wichtige Voraussetzung dafür, mich in der Gegenwart gemeinsam mit vielen für eine bessere Zukunft einsetzen zu können. Am 18. April 2020 veröffentlichte ich meinen Text »Wir sollten das nie vergessen!«:

Liebe Freundinnen und Freunde,
    in diesem Jahr feiern wir als AntifaschistInnen weltweit den 75. Jahrestag der Befreiung vom deutschen Nationalsozialismus: Noch vor Corona konnte die Veranstaltung mit den wenigen noch lebenden Auschwitz-Überlebenden auf dem Gelände des ehemaligen Konzentrationslagers stattfinden. Die Befreiungsfeier in der KZ-Gedenkstätte Buchenwald durfte vergangene Woche wegen Corona nur noch digital abgehalten werden.
    Am 29. April jährt sich auch die Befreiung des KZ Dachau zum 75. Mal. Dachau war eines der ersten Konzentrationslager der Nazis mit einem eindeutigen Ziel: der Verfolgung und Vernich-

tung der politischen GegnerInnen des deutschen Faschismus. Über die Eröffnung des KZ Dachau berichteten fast alle Zeitungen in Deutschland fast wortgleich: »Am Mittwoch wird in der Nähe von Dachau das erste Konzentrationslager eröffnet. Es hat ein Fassungsvermögen von 5.000 Menschen. Hier werden die gesamten kommunistischen und – soweit notwendig – Reichsbanner- und marxistischen Funktionäre, die die Sicherheit des Staates gefährden, zusammengezogen.« Die Leser der Münchner Neuesten Nachrichten wurden darüber am Frühstückstisch unter der Schlagzeile »Ein Konzentrationslager für politische Gefangene in der Nähe von Dachau« informiert. In der Frühphase war das KZ Dachau ein Lager zur Abschreckung und zur Repression vor allem gegen Kommunisten, Sozialisten, Gewerkschaftern, Anarchisten und einige aufrechte konservative Politiker, die sich der Vereinnahmung durch die Nazis widersetzten.

Wir sollten das nie vergessen: Erst nach der Ausschaltung der antifaschistischen Opposition konnten die Nazis für den Krieg rüsten und ihren antisemitischen und rassistischen Vernichtungskrieg starten: Die Nazis inhaftieren allein im KZ Dachau bis 1945 insgesamt über 200.000 Menschen und ermordeten etwa 43.000 von ihnen. Anfangs wurden hier vor allem politische Gegner, Juden, Sinti und Roma, Homosexuelle und Geistliche eingesperrt, später dann nach Kriegsbeginn Tausende Nazigegner aus ganz Europa. Viele SS-Männer, die später in den Vernichtungslagern in Osteuropa gemordet haben, lernten im KZ Dachau ihr grausames Handwerk. Deshalb wird das KZ Dachau auch als »Schule der Mörder« bezeichnet. Zehntausende KZ-Zwangsarbeiter mussten ab 1939 vor allem in den Rüstungsfabriken im Norden Münchens schuften: ob in der Produktion von Flugzeugmotoren bei BMW in Allach und Milbertshofen oder in der Panzerfabrik Krauss-Maffei in Allach, ob bei Siemens in Obersendling oder bei Dornier in Neuaubing und in den Junkerswerken in Allach. Kurz vor Kriegsende wurden in den Dachauer Außenlagern noch rund 10.000 Jüdinnen und Juden durch Arbeit vernichtet: Hauptsächlich für die Münchner Baufirma Leonhard Moll sollten die jüdischen KZ-Häftlinge Bunker bauen, in denen die Münchner Rüstungsindustrie weiter für den Endsieg und ihre Profite Menschen bis zum Tod ausbeuten wollte. Aber auch viele andere Münchner Unternehmerfamilien haben ihren Reichtum auch der Ausbeutung von KZ-Häftlingen in der NS-Zeit zu verdanken – sie wurden bis heute nicht enteignet.

Leider muss jetzt auch noch die schon seit Monaten vorbereitete Feier in der KZ-Gedenkstätte Dachau wegen Covid-19 abgesagt werden. (…)

Ich freue mich übrigens schon auf unser nächstes Konzert zum 75. Jahrestag der Befreiung vom Nationalsozialismus: Am Samstag, 9. Mai 2020, um 20.30 Uhr – wieder live, kostenlos, weltweit und digital gestreamt. Den damaligen Sieg über den deutschen Faschismus wollen wir mit vielen meiner antifaschistischen Lieder der letzten 40 Jahre und Überraschungsgästen aus verschiedenen Ländern feiern. Passt auf euch auf, bleibt gesund, ungehorsam und widerständig.

Euer Konstantin Wecker

Was ist systemrelevant?

Die Maßnahmen der Bundes- und Landesregierungen zur Bekämpfung der Pandemie erschienen mir an vielen Punkten fragwürdig, da sie für viele Menschen Isolation statt Schutz sowie Ausgrenzung statt Solidarität bedeuteten und sich hinter dem Begriff der angeblichen Systemrelevanz eine ungleiche Verteilung der Kosten und Lasten der Pandemie-Bekämpfung abzeichnete. Am 21. April stellte ich die Frage, was ist eigentlich »systemrelevant?« und genauso würde ich es auch heute, fast ein Jahr später formulieren:

Liebe Freundinnen, liebe Freunde,
    wie das Magazin »DER SPIEGEL erfuhr, informierte die Kriegsministerin Annegret Kramp-Karrenbauer die amerikanische Regierung am vergangenen Donnerstag offiziell, dass Deutschland als Ersatz für die altersschwachen ›Tornado‹-Kampfjets der Luftwaffe insgesamt 45 Jets vom Typ F-18 des US-Herstellers Boeing kaufen wolle.«
    Waffenhandel und das Herstellen von Waffen ist also in diesen Krisenzeiten systemrelevant.
    Und das Spekulieren mit Aktien sicher auch.
    Möbelhäuser sind systemrelevant. In NRW.
    Autohäuser sind systemrelevant. In Bayern. Ab 27. April.
    Dass die KrankenpflegerInnen systemrelevant sind, fiel unseren PolitikerInnen in den Jahrzehnten, wo sie das Gesundheitssystem fast kaputt privatisiert haben, nicht so richtig ein. Sonst hätten sie

sie besser bezahlt. Aber ein Gedanke kam und kommt den Regierenden nie auch nur ansatzweise in den Sinn:

dass Kultur systemrelevant sein könnte. Sie lassen die KünstlerInnen am Existenzminimum dahinvegetieren. Na klar – Kultur könnte die Menschen ja dazu verführen, nicht alles im Leben der Gewinnmaximierung zu opfern: Die eigene Seele. Den eigenen Verstand. Kultur kann aufwühlen und verängstigte Menschen zum freien Denken anregen. Kultur kann verändern. Kultur kann Mut machen. Das vor allem: Mut machen, sich nicht einfach alles unhinterfragt gefallen zu lassen. Sie ist nicht für dieses System relevant. Vielleicht aber für ein anderes? Freieres? Und relevanter als Waffengeschäfte und Börsenspekulationen doch allemal.

Und liebe PolitikerInnen – wenn Kultur so wenig systemrelevant ist, warum schaltet ihr nicht das Radio ab, das Fernsehen, Netflix, Amazon und all die Livestreams, die den KünstlerInnen von diesen Firmen auch noch keinen einzigen Cent bescheren.

Und die Kultur könnte uns auch noch etwas anderes wieder ins Gedächtnis bringen:

Systemrelevant ist natürlich auch der Widerspruch, das Widerständige, der Protest, die Aktion, der Widerstand, die Blockade, die Demonstration, die Protestkette, das Nicht-Stromlinienförmige, wie zum Beispiel ein selbst organisiertes Protestcamp von Ende Gelände zur Besetzung von Kohletagebau-Abbauhalden. Da lernen junge Menschen mehr Fantasie und Freude als oft in der gesamten Schullaufbahn.

Und so wissen unsere PolitikerInnen ganz genau, dass für dieses System die Kultur nicht unbedingt relevant ist.

Denn Poesie ist Widerstand.

In jedem Fall ist Kultur relevant für die Menschen in diesem System. Und ist das dann nicht doch wieder systemrelevant?

Und wenn ich, wie viele meiner Freundinnen und Freunde, demnächst als Apologet einer untergehenden Kultur verschrien werde, dann tragen wir eben, wie Oskar Werner als Montag in »Fahrenheit 451« – wenn schon nicht im Wald möglich – die Literatur virtuell in die Herzen all derer, für die Kultur immer relevant bleiben wird.

Stream III am 9. Mai

8. Mai 2020 – der Tag der Befreiung vom Faschismus. Unbedingt wollte ich zu diesem Tag ein Konzert streamen. Unbedingt und immer wieder muss man betonen, dass, obwohl die BRD ihre grausige Vergangenheit besser aufgearbeitet hat als die meisten anderen Staaten, es damit nie getan sein darf! Man muss immer wieder erinnern, die Kultur der Erinnerung muss lebendig bleiben. Wie nötig das ist, zeigen uns ja die Höckes aller Art damit, dass sie genau diese Erinnerung am liebsten restlos auslöschen würden, um ihren antidemokratischen Müll im »Namen der demokratischen Rechte« zu verbreiten.

Sarah Straub und Tamara Banez waren als Gäste bei diesem sehr politischen Konzert dabei, stimmgewaltig und engagiert. Jo und Fany musizierten wie immer: grandios und leidenschaftlich.

Ich vertonte extra für diesen Abend das Erich Mühsam Gedicht: *Der Revoluzzer*.

Sarah und Tamara genderten – was schon längst überfällig war – den Refrain meines Liedes *Sage Nein*.

Dann durfte ich Mikis Theodorakis ansagen. Leider konnte er uns kein Video schicken, aber er schickte mir ganz persönlich ein Grußwort, wofür ich ihm sehr dankbar bin.

Ich sagte:

Die Kompositionen von Mikis Theodorakis sind Manifeste gegen Folter, Krieg und Faschismus. Unvergessen seine Filmkompositionen von Alexis Sorbas, Z oder die Vertonung des Canto General nach Versen von Pablo Neruda. Mikis wurde am 29. Juli 1926 auf der griechischen Insel Chios geboren, kämpfte als kommunistischer Partisan gegen die deutsche NS-Besatzung und wurde mit 18 Jahren das erste Mal verhaftet und gefoltert. Als die Militärs im April 1967 mit Hilfe der Nato putschten, ging Theodorakis sofort in den Untergrund, veröffentlichte einen Aufruf zum Widerstand und trotz Verbot wurden seine Lieder weiter gesungen. Es ist eine große Freude, dass er heute ein Grußwort an uns richtet, und danach werde ich ein Lied aus seiner berühmten Mauthausen-Kantate singen.

Mikis, den ich in Athen persönlich kennenlernen durfte und an dessen Flügel ich mein *Wenn der Sommer nicht mehr weit ist* spielen durfte, schrieb mir:

Liebe Freunde der Kultur des Friedens, lieber Konstantin,
   ich grüße euch zum 8. Mai, dem Jahrestag der Befreiung von Krieg und Faschismus. Seit unserer Gründung am 8. Mai 1988 versuchen wir, durch viele Anstrengungen dem Auftrag »Nie wieder Krieg, nie wieder Faschismus« durch Bewegung einer Kultur des Friedens gerecht zu werden. Es ist mir eine Ehre, dass ich Mitbegründer dieser Bewegung bin, sie begleitet habe und weiterhin diesen Kampf begleiten werde, so gut ich kann mit meiner Musik, die all diese Jahre die Bemühungen der Mitglieder unterstützt hat. Es freut mich, dass wir gemeinsam für dieses Ziel unterwegs sind. Deswegen unterstütze ich die Forderung meiner Mitstreiterin Esther Bejarano, den 8. Mai als antifaschistischen Feiertag zu gestalten. Esther und ich, wir haben beide auch durch die Musik überlebt. Ich grüße euch bei der heutigen Konzertveranstaltung. Eine unserer größten Stärken ist die Kunst. Wir sollten ihre Kraft nicht unterschätzen, vor allem die Kraft der Musik. Wie immer, lieber Konstantin, werde ich an der Seite der Kultur des Friedens

an diesem Abend sein für eine große und gute Idee. Ich wünsche dir und uns allen einen nachhaltigen Erfolg.

Mikis Theodorakis, 8. Mai 2020

»Ihr habt keine Schuld an dieser Zeit. Aber ihr macht euch schuldig, wenn ihr nichts über diese Zeit wissen wollt. Ihr müsst alles wissen, was damals geschah. Und warum es geschah«, so lautet einer dieser klugen Sätze von Esther Bejarano, die mich in den letzten Jahren begleitet haben.

Immer wieder hatte ich in den letzten Jahren die große Ehre, der Holocaust-Überlebenden Esther Bejarano begegnen zu dürfen.

Die am 15. Dezember 1924 in Saarlouis geborene Künstlerin und Aktivistin ist eine deutsch-jüdische Überlebende des KZ Auschwitz-Birkenau. Sie spielte dort im sogenannten »Mädchenorchester von Auschwitz«. Später engagierte sie sich in der Vereinigung der Verfolgten des Naziregimes – Bund der Antifaschistinnen und Antifaschisten (VVN-BDA). Und ich durfte dieser wunderbaren und streitbaren Frau nicht nur begegnen – wir standen auch öfters miteinander auf der Bühne und sie sang mit mir mit ihrer immer noch unfassbar kräftigen Stimme mein *Sage Nein*.

Ich bat Esther, ob ich sie zu meinem Stream einladen dürfe. Zu meiner großen Freude sagte sie zu.

Mit Fany und Jo, Sarah und Tamara sang ich vor dem Gespräch mit ihr das erschütternde Lied *Blümlein stehn am Waldessaum*, ein Widerstandslied von Münchner Gewerkschaftern und Sozialisten aus dem Dachauer Konzentrationslager. Es wurde komponiert und geschrieben als Widerstandslied von dem Häftling Josef Huber im KZ Dachau ungefähr 1937. Die Blümlein sind, so hat es Josef Huber geschildert, die KZ-Häftlinge. Ihre Farben spielen auf die verschiedenfarbigen Winkel an, in denen Häftlinge im KZ gekennzeichnet wurden. Die intellektuell restlos überforderten SS-Männer haben dieses Farbenspiel nicht verstanden.

Ich sagte in meiner Anmoderation: »Esther ist eine bewunderns-
werte Frau. Wer ihr einmal nahe sein durfte, der ist elektrisiert von
ihrer Menschenliebe und der Leidenschaft, mit der sie für eine Welt
ohne Hass und Hetze kämpft.

Obwohl ihr in Ausschwitz Schreckliches widerfahren war, ist sie
nicht verbittert, sondern sie spornt uns alle, die das Grauen nicht
selbst erleben mussten, an, uns zu engagieren. Bei meinem letzten Konzert in Hamburg war sie im Publikum. Als ich sie vorstell-
te, sprangen die fast 2.000 Menschen im Saal vor Begeisterung auf,
um ihr zu applaudieren.« Dann spielten wir per Video ein Interview
ein, das wir ein paar Tage zuvor mit Esther aufgenommen hatten.

Konstantin: Wir alle unterstützen den Vorschlag, den 8. Mai zum
Feiertag zu machen. Warum ist dir das so unendlich wichtig?
Esther: Ich wollte euch sagen, ich habe mir das ein bisschen aufge-
schrieben, dass der 8. Mai eigentlich ein Feiertag werden muss. Ein
Tag, an dem die Befreiung der Menschheit vom nationalsozialisti-
schen Regime gefeiert werden kann. Das habe ich auch in einem Offenen Brief zum 27. Januar 2020, dem 75. Jahrestag der Befreiung des
KZs Auschwitz, durch die Rote Armee gefordert, den ich an den Bun-
despräsidenten Steinmeier und an die Bundeskanzlerin Merkel und
alle diejenigen, die wollen, dass Auschwitz nie wieder sein soll, geschrieben habe. Und meiner Meinung nach ist das überfällig seit sieben Jahrzehnten und hilft vielleicht, endlich zu begreifen, dass der
8. Mai 1945 der Tag der Befreiung war, der Niederschlagung des natio-
nalsozialistischen Regimes. Wie viele andere aus den Konzentrations-
lagern wurde auch ich auf den Todesmarsch getrieben. Erst Anfang
Mai wurden wir alle von amerikanischen und von den russischen Sol-
daten befreit. Am 8. Mai wäre dann nach meiner Meinung die Gelegenheit, über die großen Hoffnungen der Menschen nachzudenken.
Konstantin: Also – der 8. Mai, sagst du, liebe Esther, ist dein zweiter Geburtstag.

Esther: Ja!

Konstantin: Und das finde ich ganz großartig, und ich freue mich so sehr, dass du heute mit dabei warst, und ich möchte mich von dir verabschieden und dir ganz herzlich danken für alles, was du gemacht hast für uns alle. Es ist so wichtig und so notwendig gewesen. Vielen Dank, liebe Esther. Danke dir.

Esther: Ich danke dir für deine wunderbare Arbeit, die du leistest. Vielen Dank! Hoffentlich schaffen wir das alle gemeinsam.

Nach unserem Gespräch sagte ich meinem Publikum noch:

Und an dieser Stelle muss ich euch von einem handfesten Skandal erzählen: Bayern ist heute das einzige Bundesland, das die Vereinigung der Verfolgten des Naziregimes immer noch vom Geheimdienst beobachten und als verfassungsfeindlich einstufen lässt.

Ende 2019 wurde der VVN deshalb vom Finanzamt in Berlin die Gemeinnützigkeit entzogen. 75 Jahre nach dem Ende des Naziregimes steht die Organisation der Nazi-Opfer heute vor dem finanziellen Ruin, nur eine breite Solidaritätsbewegung konnte die VVN bisher retten. Deshalb braucht die VVN jetzt unsere volle Unterstützung, damit der Entzug der Gemeinnützigkeit von der Regierung wieder rückgängig gemacht werden muss.

Liebe Esther, liebe VVN: Ihr habt die Organisation unseres Konzertes mit 2500 € unterstützt: Wir haben uns als Team darüber sehr gefreut und sofort beschlossen, euer Geld gestern postwendend an euch zurückzuüberweisen: Bis ihr eure Gemeinnützigkeit zurückhabt, braucht ihr doch jeden Cent für eure so wichtige Arbeit.

Und wir freuen uns und sagen Danke für die vielen kleinen und großen Spenden unseres großartigen Publikums.

Mit Karla Lara, der Stimme Honduras, durfte ich in München auf dem legendären Tollwood Festival musizieren. Sie kam zu mir, als Gast, mit ihrem so sympathischen und großartigen Pianisten Jose Antonio Velasquez, der leider ein Jahr später mit gerade mal 36 Jahren verstorben ist. Karla sang mit ihm *Que corra el Rio* (Der Fluss solle fließen), eine Ballade, die einer Freundin gewidmet ist, der Umwelt- und Menschenrechtsaktivistin Berta Cáceres, die Anfang 2016 in Honduras von Auftragskillern ermordet wurde, weil sie sich gegen den exzessiven Raubbau und gegen den Bau eines Wasserkraftwerks auf dem Río Gualcarque einsetzte.

Und dann sangen wir zusammen eines der schönsten Lieder der Welt: *Gracias a la Vida.*

Was für eine großartige Stimme, was für eine großartige und mutige Frau!

Ich fragte sie in der Garderobe nach unserem Auftritt, ob sie denn Anarchistin sei. Sie lachte mich herzlich an und sagte nur:

»Anarquista Feminista!«

Ich war hellauf begeistert und wir umarmten uns.

Bevor sie unserem Stream zugeschaltet wurde, sagte ich:

In Honduras gilt Karla Lara oder besser: Karlita, wie sie liebevoll von ihren Hörerinnen und Hörern genannt wird, als eine der wichtigsten Stimmen des Widerstands gegen das mörderische neoliberale Entwicklungsmodell. Sie ist Feministin und Aktivistin der indigenen Bewegungen. Als Teil des sozialen Widerstands singt sie von alltäglichen Erlebnissen, von den Kämpfen und den Träumen der großen Mehrheit der armen Bevölkerung. Und Karla Lara singt von der alltäglichen machistischen Gewalt und davon, wie Frauen sich dagegen wehren.

Für sie ist Poesie eine wunderbare, eine ästhetische Form, von der harten, oft brutalen Realität der Menschen zu erzählen. Karla war hier in München, bei unserem Tollwood Konzert am 18.7.2018 unser Gast, und sie hat Tausende Menschen verzaubert mit ihrer wunderbaren, anrührenden und zugleich kämpferischen Stimme: Karla Lara wird uns jetzt von der aktuellen Situation berichten und natürlich singen:

Karla Lara: Hallo Konstantin, vielen Dank für deine Einladung, voller Zuneigung für dein Publikum zu singen, das ich nun kennenlerne und das mich kennenlernen kann. Ich bin Karla Lara aus Honduras, einem Land im Widerstand gegen eine Drogendiktatur, die vor langer Zeit errichtet wurde und nun in Zeiten der Pandemie all ihre Strukturen nutzt, um zu klauen, zu stehlen und weiterzurauben. Ich möchte, dass die Menschen in Deutschland und in Europa wissen, dass viele Maßnahmen ihrer Regierungen und ihrer Unternehmen unsere Völker töten. Wir MittelamerikanerInnen wollen nicht unter eurem kapitalistischen, patriarchalischen und rassistischen Entwicklungsmodell leben. Wir wollen unsere autonomen, kommunalen Lebensformen aufbauen, die nach unserer Logik Entwicklung ermöglichen. Dafür haben wir vor der Pandemie gekämpft, und wir werden zurückkehren und unseren Kampf fortsetzen, geschützt durch die Solidarität in unseren Gemeinden und mit unseren Leuten, und uns niemals einem diktatorischen Regime unterwerfen, das unterdrückt, das stiehlt, das tötet, das militarisiert und uns all unserer Rechte beraubt. Dafür singen wir Lieder, damit die Menschen zurückkehren. Denn dies ist unsere Heimat. Hierher müssen die Menschen, die vom Regime vertrieben wurden, zurückzukehren.

Ja, liebe Karla, auch viele von uns EuropäerInnen wollen nicht mehr unter diesem kapitalistischen, patriarchalischen und rassistischen Modell leben. Lass uns weitermachen. Zusammen. Venceremos!!! Schon zwei Tage später demonstrierten wir auch im Sinne von Karla Lara in München.

Break Isolation:
Die Demonstration am 11. Mai

Die Corona-Krise zeigt: Gesundheit, Wasser, Luft, Ernährung, Boden und Bildung dürfen nicht zum Zwecke der Profitmaximierung privatisiert werden. Wir brauchen den Aufbau solidarischer und sozialer Gesundheits-, Bildungs- und Sozialstrukturen in dezentraler Selbstverwaltung. Anstatt der Milliardengeschenke für die Autoindustrie und die Fluggesellschaften sowie der Zig-Milliarden für militärische Aufrüstung müssen die Steuergelder der Bevölkerung in die wirklich systemrelevanten Bereiche der Gesellschaft und die Gesundheit der Menschen investiert werden.

Diese Zeilen haben wir in den Aufruf für unsere Demonstration am 11. Mai 2020 vor dem Bayerischen Innenministerium geschrieben. In den Wochen vor dem ersten Lockdown diskutierte ich lebhaft mit vielen Freundinnen und Freunden. Und wir starteten unsere Initiative »break isolation – global solidarity«. Wir wollten rasch handeln und allen ausgegrenzten und isolierten Menschen eine Stimme geben, die zu diesem Zeitpunkt bereits seit über sieben Wochen eingesperrt waren. Für sie galt eine Kontaktsperre: Sie durften nicht besucht werden und stationäre Einrichtungen nicht mehr verlassen.

Für den 6. Mai organisierten wir unsere erste digitale Pressekonferenz, die wir live aus dem Tonstudio gestreamt haben. Wer will, kann sie bis heute als Zeitdokument bei Weckerswelt auf meinem

YouTube-Kanal anschauen. Ich habe über meine subjektive Motivation gesprochen und geschildert, was mich dazu bewegt hat, Teil dieser Initiative zu sein:

Es ist eine ganz persönliche Geschichte. Ich durfte meine Mutter im Hospiz über drei Monate beim Sterben begleiten. Das war eine schwierige Zeit, aber es war eine unglaublich wichtige Zeit für mich und sicher auch für meine Mama. Meinen Vater hatte ich schon Jahre zuvor beim Sterben begleitet. Die Vorstellung, Sterbende nicht mehr berühren zu dürfen, ist für mich ein so unglaublich schrecklicher Gedanke. Und wir müssen einfach mal überlegen: Es ist doch auch meine Entscheidung, ob ich mich vielleicht gefährde, indem ich in ein Krankenhaus hineingehe. Es muss meine Entscheidung sein. Wir müssen das Recht haben, auch über uns selbst nachzudenken, wann wir uns gefährden, wenn es so wahnsinnig wichtig ist. Wahrscheinlich ist die Gefährdung eines Sterbenden durch das Krankenhauspersonal ganz genauso oder vielleicht sogar noch gefährlicher. Ja. Dieser Gedanke treibt mich um, und ich habe mit so vielen Leuten über die Situation geredet, mit Krankenschwestern und Menschen, die mit Alten im Pflegeheim arbeiten. Wir dürfen ja nicht vergessen, diese ganzen Isolationsregeln treffen auch ganz junge Menschen. Da muss irgendwas unternommen werden. Das treibt mir die Tränen in die Augen.«

Eigentlich ist es ja die Aufgabe eines Gemeinwesens im Falle einer Pandemie, sich vornehmlich und an erster Stelle um diejenigen zu sorgen, sich Gedanken zu machen und zu kümmern, die genau das nicht alleine können: sich zu schützen. Das Recht auf körperliche Unversehrtheit, auf Schutz vermeidbarer Gefahren ist ein Grundrecht aller Menschen. So steht es auch im deutschen Grundgesetz. Die Regierungen in Bund und Ländern hätten eine Verpflichtung gehabt, alles zu tun, und zwar wirklich alles, was möglich gewesen wäre, um gerade die vulnerabelsten Personengruppen der Gesellschaft vorrangig und effektiv vor einer Erkrankung zu schützen. Doch stattdessen blieben alte und kranke Menschen ungeschützt, wurden aber zudem noch eingesperrt und isoliert, ebenso geflüchtete Menschen. Und an obdachlose Menschen wurde überhaupt nicht gedacht.

Ich war schon auf vielen Demos in meinem Leben. Aber die am 11. Mai 2020 war definitiv eine der bewegendsten und wettermäßig eine der skurrilsten, die ich je erlebt habe, ganz abgesehen von diesem absurden Aufgebot der Polizei an diesem Montag. Tagelang hatten wir mit den Behörden gestritten, damit die in den Auflagen genehmigte Höchstzahl von 200 Menschen nicht nur stationär vor Ort protestieren, sondern auch in einem Demonstrationszug über die Ludwigsstraße bis zum Geschwister-Scholl-Platz laufen kann. Voraussetzung für uns waren selbstverständlich Masken, Abstand und Hygieneregeln – im Gegensatz zu den Vertretern der Staatsmacht; die wenigsten Polizisten der Sondereinheiten trugen eine Schutzmaske. Kurz vor dem Beginn unserer Kundgebung verdunkelte sich der Himmel apokalyptisch. Im ersten Satz der Begrüßung schlug direkt neben unserem Lautsprecherwagen mit ohrenbetäubendem Knall ein gewaltiger Blitz ein. Der Sound war weg, und wir dachten, jetzt können wir einpacken. Ich spöttelte noch: Das war bestimmt Söder! Unsere TontechnikerInnen brachten die Anlage, die durch die Überspannung ausgeknockt war, blitzschnell wieder in Gang. Jetzt begann ein Starkregen in taifunartiger Heftigkeit, wie ich ihn nur selten erlebt habe. Die Schutzplane unserer kleinen Lkw-Bühne flatterte in den Sturmböen, während die schwarzen Regenwolken ihre schwere Last über die sofort nasstriefende Versammlung ergossen. Trotzdem blieben die Menschen stehen, hörten den Reden zu und applaudierten. Es war spürbar, dass die Anwesenden sehr persönliche und hochpolitische Anliegen vereinte.

Wir alle konnten nicht mehr tatenlos zusehen, wie unsere Angehörigen und FreundInnen einfach weggesperrt werden. Darunter Theresa, die als Heilerziehungspflegerin arbeitet und auf der Kundgebung sagte: »Ich möchte heute aus meiner Arbeit als Pflegefachkraft in stationären Einrichtungen berichten und davon, dass viele Covid-19-Maßnahmen der Politik die betroffenen Menschen nicht schützen, sondern sie gesundheitlich und zwar psychisch und physisch zusätzlich gefährden: Die Maßnahmen, die zur Corona-Bekämpfung getroffen wurden, entmündigen alte, behinderte, kranke und hilfsbedürftige Menschen komplett und berauben sie der Würde ihres Lebens. Das Betretungsverbot ist wohl das verheerendste Übel, das die Herren und Damen Politiker den Betroffenen antun konnten. Für Monate wurde jeder Kontakt zu Angehörigen, zu den wichtigsten Menschen im Leben strikt untersagt. und die angebliche Lockerung ist weder sicher noch langfristig. Betreute Menschen werden Inhaftierte ihres eigenen Zuhauses, gleichzeitig aber marschieren Betreuer täglich ein und aus und fahren nach Schichtende nach Hause zu ihrer Familie, ihren Partnern. Deshalb brauchen wir endlich genug Schutzausrüstung, vernünftige Hygienekonzepte und ausreichend Testkapazitäten für Pflegekräfte und BewohnerInnen.«

Auf der Kundgebung stellten die SprecherInnen der Initiative break isolation fest: »Ausgrenzen ist ganz offensichtlich einfacher, als sichere Konzepte für persönliche Kontakte und gesellschaftliche Teilhabe zu erarbeiten und diese durch die Bereitstellung der erforderlichen Schutzmaßnahmen zu gewährleisten«, sagte die Münchner Künstlerin Petra Gerschner. Und wir benannten bereits an jenem 11. Mai einen Skandal, der sich noch monatelang fortsetzen sollte, bis die Pandemie Ende November völlig außer Kontrolle geraten war: »Bis heute gibt es nicht ansatzweise genug Testkapazitäten für Pflegeheime, Krankenhäuser und alle aufgezählten stationären Einrichtungen, dafür werden Zehntausende Corona-Tests für die Bundesliga bereitgestellt.«

Bis heute sind auch unsere zwölf Forderungen »für einen solidarischen Kampf gegen die Covid-19-Pandemie und ihre Folgen« nicht erfüllt worden (https://breakisolation.net). Es war und ist unverzeihlich: Alle Menschen in stationären Einrichtungen, wie Krankenhäusern und stationären Pflegeeinrichtungen, Intensivpflege-WGs, Altenheimen sowie stationären Einrichtungen für Menschen mit Einschränkungen, Geflüchteten-Unterkünften und Psychiatrien blieben letztlich bis in den Winter hinein ohne effektiven Schutz, weil es für das Pflegepersonal und BesucherInnen weder ausreichend Schutzausrüstung noch Testkapazitäten gab. Einen Lockdown für die Wirtschaft, für Fabriken, Großraumbüros, Gerichtssäle oder Logistikzentren, um die Verbreitung des Virus im Keim zu ersticken, gab es ohnehin nicht – darüber wurde noch nicht einmal nachgedacht, geschweige denn öffentlich diskutiert. Millionen Menschen müssen daher in völlig überfüllten U-Bahnen und Bussen zu ihren Arbeitsstellen fahren und dort aus ebenso vielen verschiedenen Haushalten ohne verpflichtende Hygieneregeln und Schutzausrüstung zusammenarbeiten.

Auch die Forderung von Patricia Koller, einer Münchner Aktivistin für Behindertenrechte und Inklusion, ist bisher unerfüllt: »Macht braucht Kontrolle! Vor allem aber braucht sie Kontrolle, wenn es um widerstandsunfähige Menschen geht.« Wie recht sie hat, davon wird meistens leider erst berichtet, wenn Vorfälle nicht mehr unter den Teppich gekehrt werden können, wie Anfang 2021: Wegen schwerer Misshandlungen, u. a. Freiheitsberaubungen, in sogenannten »Behinderteneinrichtungen« ermittelt die Staatsanwaltschaft gegen 145 Beschuldigte! Der Skandal in Nordrhein-Westfalen weite sich aus, konnte man in den Berichten vom 11. Januar entnehmen.

Ähnliche Nachrichten, von denen während des ersten Lockdowns nichts in den Medien zu finden war, erreichten uns aus verschiedenen bayerischen Lagern für Geflüchtete und AsylbewerberInnen. Auszüge aus dem schockierenden Bericht, den wir auf der Demo vorlasen, zusammengestellt aus den Interviews mit mehreren Zeugen aus den Unterkünften: »In dieser Unterkunft hatten die Geflüchteten die Situation, dass sich Covid-19-positive Menschen und Gesunde ein Zimmer teilen mussten. (…) Ein Bewohner ist seit Tagen in einem fürchterlichen psychischen Zustand, er bräuchte dringend psychologische Hilfe. Er ist akut selbstmordgefährdet und hat schon zweimal nachts ein Messer gezogen. Wir konnten ihn mit Mühe und Not beruhigen. Ein Mitbewohner des Mannes hat dann die Polizei geholt, aber die Beamten haben nur gesagt, dass er erst nach der Quarantäne in die Psychiatrie kann.«

Auf einen anderen dramatischen Zustand wies Lisa von der Initiative Zivilcourage hin: »Für obdachlose Menschen ist es nahezu unmöglich, sich ausreichend gegen Covid-19 zu schützen. Das Leben auf der Straße erschwert die Teilnahme am Kampf gegen die Pandemie.« Ein Lockdown für Obdachlose ohne entsprechende Unterstützung ist lebensgefährdend. Deshalb forderte sie: »Wir halten es für dringend notwendig, geeigneten Wohnraum für obdachlose Personen und alle, die es brauchen können, bereitzustellen. Viele Hotelzimmer stehen derzeit ohnehin leer.« Auch das ist bis heute nicht passiert. Genauso wenig wurde Untersuchungsgefangenen mit kleineren (Eigentums-) Delikten, die in Knästen und Gerichtsgebäuden ohne ausreichende Hygiene einer besonderen Gefahr ausgesetzt sind, Haftverschonung gewährt. Über diese akute Gefährdung für Gefangene und AnwältInnen in grotesken Gerichtsverfahren mit völlig überfüllten Verhandlungssälen sprach der Anwalt Alexander Hoffmann. Seit Jahren vertritt er Opfer und Angehörige von faschistischen, rassistischen und antisemitischen Anschlägen als Nebenkläger und macht sich für das Demonstrationsrecht stark: »Das Recht auf Versammlungs- und Demonstrationsfreiheit ist kein Recht, was nur bei gutem Wetter und in schönen Zeiten gewährt wird. Wenn Politiker dieses fundamentale demokratische Recht massiv einschränken, als wäre es in Zeiten einer Pandemie gar nicht mehr existent, muss es wieder erkämpft werden.«

Auch meine Kollegin Sarah Straub war bei der Demo dabei. Ich kannte Sarah eigentlich in erster Linie als Musikerin. Diesmal aber sprach sie als Psychologin. Sie arbeitet seit vielen Jahren am Universitätsklinikum Ulm als Neuropsychologin in der Demenzforschung, begleitet Betroffene und ihre Familien und ist seit Jahren Ansprechpartnerin in akuten Krisen- und Belastungssituationen. Es hat mich sehr bewegt und angerührt, was sie uns von ihrer Arbeit erzählt hat:

Die Isolationsmaßnahmen im Rahmen der Covid-19 Pandemie waren und sind prekär. Man wählte Distanzierung als Strategie ohne auch nur ansatzweise ernsthaft darüber zu diskutieren, dass diese Strategie, auf Pflegebedürftige nicht im selben Maße anwendbar ist wie beim Rest der Bevölkerung. In Alten- und Pflegeheimen sind, meiner Erfahrung nach, Angehörige oft ein wichtiger Teil des pflegerischen Versorgungskonzepts. (…)

Ich kenne Familien, da muss der Ehepartner jeden Tag ins Heim, um den an Schluckstörungen leidenden Demenzpatienten mit Engelsgeduld Essen einzugeben. Wären sie nicht da, müssten die Angestellten aus Zeitnot das Essen fast unangerührt einfach wieder mitnehmen. Ich kenne Familien, da müssen die Angehörigen vor Ort sein, um die Patienten ans Trinken zu erinnern, weil es sonst keiner macht. Ich kenne Familien, da ist körperliche Nähe, das »Da sein« das Einzige was hilft, um irrationale Ängste des Dementen zu lindern.

Einem Demenzpatienten können Sie nicht erklären, warum die Familie nicht mehr vorbeikommt. Seine kognitiven Defizite lassen ihn die Situation gar nicht mehr verstehen. Der Patient reagiert mit gesteigerter Unruhe oder Aggressivität auf die fehlende Nähe und macht salopp gesagt den Pflegern das Leben schwer. Was haben die dann für eine Wahl, außer mit sedierenden Medikamenten wie Neuroleptika zu arbeiten, um die Situation akut zu lösen? Und das sind schwerwiegende Medikamente, die sonst gar nicht nötig wären!

Isolation, Vernachlässigung und fehlende Mobilität aufgrund der Schutzmaßnahmen haben gravierende Folgen auf die psychische und körperliche Gesundheit unserer älteren und kranken Mitmenschen. (…) Die aktuellen Lockerungsmaßnahmen ohne klaren Plan, ohne wirksame Schutzmaßnahmen, sind mindestens genauso verheerend wie die Isolation selbst. So ist unseren schwächeren Mitmenschen nicht geholfen. Ganz im Gegenteil.

Allein die Umsetzung unserer Forderungen nach ausreichend Testkapazitäten sowie ein sofortiger Preisstopp für zertifizierte Mund-Nase-Masken und Schutzausrüstung hätte bereits in der ersten Welle Tausenden das Leben gerettet. Unverzeihlich ist es aber, dass diese Maßnahmen nicht spätestens bis zum Frühsommer mit oberster Priorität umgesetzt worden sind. Offensichtlich hatten die EntscheidungsträgerInnen andere Prioritäten: Die Regierungen haben vorrangig die Wirtschaft am Laufen halten wollen, anstatt die Menschen zu schützen und die Pandemie effektiv zu bekämpfen. Dafür haben sie strategische Branchen auf Kosten der Steuerzahler mit Milliardenhilfen unbürokratisch unterstützt, und zugleich wurde den arbeitenden Menschen eine unbeschwerte Zeit für den Sommerurlaub versprochen und so das Virus auf die Reise in bisher kaum betroffene Regionen Europas und der Welt geschickt. Das war ein fataler Fehler, der im Herbst wie ein Bumerang zurückkam und der seitdem immer mehr Menschen das Leben kostet; auch weil die besonders gefährdeten Menschen in stationären Einrichtungen noch weitere Monate auf effektiven Schutz warten mussten. In dieser falschen Zielsetzung besteht das größte Versagen der verantwortlichen PolitikerInnen und ihrer Verwaltungsinstitutionen.

Im Falle stationärer Pflegeheime bestätigten sich leider alle unsere Befürchtungen, dass ein wirksamer Schutz für die besonders gefährdeten Menschen absolute Priorität hätte haben müssen. Die Konsequenz aus diesem Versagen und dem verhinderbaren Tod sehr vieler Menschen ist für mich eindeutig: Die Privatisierung des Gesundheits- und Pflegesystems muss gestoppt und revidiert werden. Denn unser aller Gesundheit, ein menschenwürdiges Leben und Sterben auch im Alter und das Wohlergehen von Menschen überall auf der Welt sind Menschenrechte, die endlich für alle gelten müssen – und zwar unabhängig vom Geldbeutel und von der Herkunft! Und diese Menschenrechte sind, wie uns die Pandemie gelehrt hat, unvereinbar mit den Profitinteressen börsennotierter Aktienkonzerne der Pharma- und Gesundheitsbranche und einem zunehmend privatisierten Gesundheitssystem. Profite mit der Gesundheit und Krankheit von Menschen sollten in Zukunft verboten werden. Die Konsequenz aus dem bisherigen Versagen des Kapitalismus und dem verhinderbaren Tod so vieler Menschen ist für mich gesellschaftlich eindeutig: Wir brauchen eine kommunale und flächendeckende Gesundheitsversorgung, deren Kapazitäten und Personalbemessung den Bedürfnissen der Menschen und nicht den Interessen von Börsenrenditen folgen.

Wir müssen die Regeln ändern

Über eine Einladung habe ich mich letztes Jahr ganz besonders gefreut: Am 20. Juni hat die Hilfsorganisation Human Projects in Nagold ihren »Löwenherz«-Friedenspreis an die »Fridays-for-Future«-Bewegung verliehen. Da ich 2016 selbst Löwenherz-Preisträger war, wurde ich gebeten, die Laudatio zu halten. Das habe ich mit großer Freude getan und konnte live meine sehr persönliche Laudatio für die Klimagerechtigkeitsbewegung FFF halten. Einige Passagen daraus möchte ich hier gerne vorstellen:

»Wir können die Welt nicht retten, indem wir uns an die Spielregeln halten. Die Regeln müssen sich ändern, alles muss sich ändern, und zwar heute.«

Diese klugen Sätze hat Greta Thunberg vor zwei Jahren auf einer Demonstration in Helsinki gesagt. Diese Sätze sind radikal und richtig. So einfach ist es und so schwer zugleich: Alles muss sich ändern, und zwar sofort. Denn Zeit haben wir keine mehr. Zu lange haben zu viele Menschen einfach nur zugeschaut und mitgemacht bei der Zerstörung unseres Planeten. Haben die Spielregeln der Politiker, Wirtschaftsbosse und des Militärs unkritisch anerkannt und haben sich nicht engagiert für eine gerechtere Gesellschaft weltweit.

Im Mai 2020 haben Klimaforscher neue historische CO_2-Höchstwerte gemessen. Und längst wissen wir, dass Wissen alleine offensichtlich nicht ausreicht, um daraus die nötigen Entscheidungen zu treffen für ein konsequentes Handeln, um die Erwärmung unseres Planeten zu stoppen. Gerade die Politikerinnen und Politiker dieser Welt wissen seit Jahrzehnten ganz genau Bescheid und haben nichts dagegen getan. Ihr Spiel ist aus. Es reicht – sie haben genug Zeit gehabt. Wir brauchen endlich globale Gerechtigkeit – für unser Klima und für alle Menschen.

Was mich an Greta und vielen anderen Menschen immer begeistert hat, ist, dass sie einfach angefangen haben zu handeln. So wie es zum Beispiel auch die Mitglieder der antifaschistischen Widerstandsgruppe »Weiße Rose« in München getan haben, unter unvorstellbar schwierigeren Bedingungen mitten in Krieg und Faschismus. In einer ihrer noch heute lesenswerten Flugschriften haben sie ihre Mitmenschen aufgefordert: »Zerreißt den Mantel der Gleichgültigkeit, den Ihr um Euer Herz gelegt!« Und in einer anderen Flugschrift haben sie – frei zitiert – gesagt: »Wenn jeder wartet, bis der andere anfängt, wird niemand anfangen.«

In meinem Lied *Die Weiße Rose* schrieb ich über diese mutigen jungen Menschen:

Ihr habt geschrien,
wo alle schwiegen –
es ging ums Tun und
nicht ums Siegen.

Am schönsten ist es immer dann, wenn viele Menschen gemeinsam handeln. Es ist ein Geschenk, das ich in meinem Leben schon oft erleben durfte: Wer die Welt verändern will, muss anfangen, zu handeln. Es geht ums Tun und nicht ums Siegen. Was mich an der Bewegung Fridays for Future bisher so begeistert hat, ist der Umstand, dass Millionen junger Menschen weltweit gemeinsam gehandelt haben und sich auf die Suche nach einer besseren und ökologischeren Welt und einer gerechteren Gesellschaft gemacht haben.

Genauso wie sich gerade weltweit die Bewegung »Black Lives Matter« wegen der anhaltenden rassistischen Polizeigewalt und den Morden an schwarzen Menschen auf den Weg gemacht hat, Rassismus und Kolonialismus nach über 500 Jahren endlich zu stoppen. Genauso wie sich eine weltweite beeindruckende feministische Bewegung mit neuer Kraft seit einigen Jahren auf den Weg gemacht hat, endlich das Patriarchat und seine zerstörerische Gewalt zu beenden.

Diejenigen, die die Spielregeln aufgestellt haben, haben unsere Welt an den Rand des Abgrunds gebracht mit ihrer Profit- und Wachstumslogik, mit Klimawandel, Zerstörung des Planeten und ihren Kriegen um Rohstoffe und Absatzmärkte.

An diese Spielregeln der Zerstörung und des Todes können und dürfen wir uns nicht mehr halten: Denn alles muss sich ändern!

Bevor ich von der Schule geflogen bin, war ich auf einem humanistischen Gymnasium. Dort habe ich den lateinischen Satz kennengelernt: »Non vitae sed scholae discimus.« Also auf Deutsch: »Nicht für das Leben, sondern für die Schule lernen wir.« Mit diesem Satz aus einem Brief an einen seiner Schüler aus dem Jahr 62 unserer Zeitrechnung übte Seneca schon damals scharfe Kritik an den römischen Philosophenschulen seiner Zeit. Auch heute müssen wir wieder scharfe Kritik an unseren Schulen üben. Und allen, die die Bewegung FFF beschimpfen und diffamieren, will ich sagen: Die SchülerInnen haben bei ihren kollektiven Schulstreiks an den Freitagen im vergangenen Jahr vermutlich sehr viel mehr für das Leben und eine gerechtere Gesellschaft gelernt als es stupide Prüfungen je vermocht hätten: Sie konnten Solidarität und Empathie für alle Menschen auf der Welt spüren. Sie konnten Gemeinsinn erleben und kreativ werden. Das sind auf Dauer wichtigere Leistungen als gute Noten. In meinem Lied *An meine Kinder* singe ich:

Ich war nie perfekt. Wie könnte ich auch.
Ihr kennt meine Kunst zu scheitern.
Und perfekte Eltern konnten uns doch
im besten Fall nur erheitern.
Was hab ich falsch, was richtig gemacht?
Ihr wart mir doch nur geliehen.
Ich rede nicht gern um den heißen Brei:
Ich wollte euch nie erziehen.
Erziehen zu was? Zum Ehrgeiz, zur Gier?
Zum Chef im richtigen Lager?
Ihr wisst es, ich habe ein großes Herz
für Träumer und Versager. (…)

Uns bleibt kaum mehr Zeit. Wir alle brauchen Menschen, die uns Mut machen. Denn es wird auch wehtun, wenn wir wirklich etwas verändern wollen. (…)

Es wird ein steiniger Weg. Wir müssen es aushalten, ausgeschlossen zu werden, beleidigt, beschimpft und als Spinner diffamiert zu werden.

Und wir müssen es oft ertragen, dass unsere Beiträge, Vorschläge und Inhalte verbannt werden aus dem akzeptierten Kanon der erlaubten Meinungen.

Wenn die Regierungen und Mächtigen tödliche und zerstörerische Spielregeln machen, müssen wir Spiel-VerderberInnen sein und dürfen uns nicht an die Regeln halten. Ja, wir wollen diese tödlichen Spielregeln, die täglich Millionen von Menschen ihre Würde und ihre Gesundheit rauben, real außer Kraft setzen.

Das Undenkbare wird dann möglich werden, wenn es genug Menschen wollen und sich dafür einsetzen und sich nicht entmutigen lassen.

Wir brauchen einen verdammt langen Atem.

Wir alle müssen dranbleiben.

Jeder und jede Einzelne und wir alle zusammen.

Dafür brauchen wir Hoffnung und Mut.

Und wir brauchen Mitgefühl und Solidarität: Wenn jemand neben uns zu verzweifeln droht, ist es unsere Aufgabe, ihm oder ihr gemeinsam wieder Mut zu schenken.

Denn Hoffnung, Handeln und Freude gehören zum Lebendigsein. Deshalb halte ich es schon immer mit Erich Fromm, der sagte: »Hoffen heißt, jeden Augenblick bereit sein für das, was noch nicht geboren ist, und trotzdem nicht verzweifeln, wenn es zu unseren Lebzeiten nicht zur Geburt kommt.«

Es geht also um Entschlossenheit, um einen langen individuellen und kollektiven Atem. Und auch FFF wird auf Dauer von den Regierungen, den Reichen und Mächtigen dieser Welt nur dann ernst genommen, wenn die massenhaften Aktionen von FFF wehtun und stören.

Nur so können wir auf Dauer den dringend notwendigen und für die Menschheit und den Planeten so überlebenswichtigen Protest und Widerstand organisieren.

Mein Freund Martin Löwenberg hat in dem beeindruckenden Dokumentarfilm *es kann legitim sein, was nicht legal ist* der beiden FilmemacherInnen Petra Gerschner und Michael Backmund über sein Leben gesagt:

»Es gibt Fälle, wo eine Ignorierung, ja ein Ungehorsam gegenüber Gesetzen, Verordnungen, parlamentarischen Entscheidungen, Anordnungen usw. zwingend notwendig sind.

Um es deutlich zu sagen: Wo es sich um existenzielle Fragen handelt, stelle ich das Humanitätsprinzip über das Legalitätsprinzip. Für uns gilt es, alles zu tun, um Menschen vor Verfolgung, Tod, gesundheitlichen Schäden usw. zu schützen. Deswegen meine letzte Bemerkung: Es kann durchaus etwas legitim sein, was nicht legal ist! Von diesem Grundsatz habe ich mich leiten lassen in der Nazizeit und auch heute.«

Genauso wie die Freitagsstreiks sollte auch dieser Film an möglichst vielen Schulen als Schule des kritischen Denkens und Handelns und im Sinne eines Lernens für das Leben gezeigt werden.

Zum Ende meiner Laudatio möchte ich Euch noch eine Strophe aus einem meiner Lieder vorlesen:

Doch da muss jetzt was passieren,
zu viel Zeit ist schon verschenkt,
und es wird von den Erstarrten
das Geschick der Welt gelenkt.
Und die fällt bald aus den Angeln.
Komm, wir gehen mit der Flut
und verwandeln mit den Wellen
unsre Angst in neuen Mut.

Ich freue mich auf jeden Fall »unbandig« darauf, wie wir in Bayern eine leidenschaftliche und unbegrenzte Freude beschreiben, mit Euch Jüngeren gemeinsam für eine global gerechtere, menschlichere und ökologischere Welt weiterzukämpfen. Euch allen alles Gute auch in persönlicher Hinsicht!

Herzlichen Dank Euch allen!

Operation am Finger

Nachdem am Gärtnerplatztheater in München Michael Dangls wunderbare Dramatisierung meines Romanes *Der Klang der ungespielten Töne* aufgeführt wurde – Corona gemäß vor 200 Zuschauern pro Vorstellung und einem verkleinerten Orchester auf der Bühne –, wollte ich noch einmal kurz nach Italien zu meinem Maulbeerbaum. Ich sehnte mich nach einem Ort der Ruhe und nach meiner Familie und wollte für meine Utopia-Konzerte, die ja immer noch im Herbst in Aussicht standen, neue Lieder komponieren. Dann verletzte ich mich am kleinen Finger der rechten Hand, und ich musste am 11. Juli nach Siena in die Notaufnahme. Es stellte sich heraus, dass die Strecksehne des Fingers angerissen war. Ich entschied mich, da die Krankenhaus-Kapazitäten in Italien stark überlastet waren, mich in München operieren zu lassen und wir fuhren am nächsten Morgen zurück.

Nach meiner OP im Klinikum rechts der Isar, ein Krankenhaus in dem ich schon als sechsjähriger Bub mit einem Blinddarmdurchbruch gerade noch gerettet wurde, erhielt ich die ärztliche Anweisung, mindestens sechs Wochen kein Klavier zu spielen. In diesen Zeiten wurden fast täglich Konzerte abgesagt, oder verschoben ins Jahr 2021, und nun konnte ich die wenigen Konzerte, die für Ende Juli und August gebucht waren, aufgrund meiner Verletzung auch nicht mehr spielen. Zum Glück ist meine Kollegin Sarah Straub so zu Hause in meinem Liedgut, dass sie mich am 18. Juli auf einer Demo in Tübingen, zu der sie auch eingeladen war, am Keyboard sehr engagiert und gekonnt begleiten konnte, und sie hat natürlich auch selbst einige meiner Lieder gespielt und gesungen.

»Wo aber die Gefahr ist, wächst das Rettende auch« war die Überschrift dieser Demonstration, die wir zusammen mit Henning Zierock, meinem Freund von der »Kultur des Friedens«, veranstalteten. Uns verbinden eine langjährige Freundschaft und das unbedingte Verlangen, diese Welt friedlicher zu gestalten und ein »Menschenrecht auf Frieden« einzufordern.

Nach der Demo forderten mich zwei DemonstrantInnen auf, mich an einer der »Querdenker«-Veranstaltungen zu beteiligen. Ich war wie vor den Kopf gestoßen und antwortete, dass ich mich nie an einer sogenannten rechtsoffenen Demonstration beteiligen würde, weil das meinen jahrzehntelangen antifaschistischen Kampf unglaubwürdig machen würde. Und dass es mir wichtiger sei, gegen Kriegsgefahren zu demonstrieren als gegen das Tragen von Masken.

Meine geliebten Eltern wurden von der Weltwirtschaftskrise 1929 als Kinder gebeutelt, dann mussten sie unter der schrecklichsten Diktatur leiden – ja sie mussten leiden, denn sie waren keine Faschisten und standen nicht stramm als junge Menschen mit verzückten Gesichtern vor all den unappetitlichen Menschenschlächtern –, und dann durchlitten sie den Zweiten Weltkrieg. Und verbitterten nicht bei all dem Leid, das ihnen in ihren so jungen Jahren widerfahren ist.

Täglich sterben immer noch Tausende Kinder, weil sie in Kriegsgebieten leben, auf Minen treten; sie bekommen keine Schulbildung online, haben kaum was zu futtern, und wir verwöhnten Westler – 75 Jahre von Kriegen verschont, Kriege, die wir aus reiner Geldgier in die Welt hinausgetragen haben – drehen durch, wenn wir mal nicht so feiern können, wie wir es jahrzehntelang gewohnt waren.

Ich werde mich mit diesen Fragen noch in einem eigenen Kapitel beschäftigen.

Da Sarah und ich trotz meiner Verletzung so gut auf der Demo zusammengearbeitet hatten, konnten wir mein Open-Air-Konzert in Passau am 19. Juli 2020 auch gemeinsam gestalten.

Fußballstadion, 500 Leute mit großem Sicherheitsabstand, schönes Wetter, wir gaben unser Bestes – es war ein wunderschöner Abend, Sarah war mir eine große Hilfe, und es sollte mein letztes Konzert bis zum September sein.

Es war eine harte Zeit für mich, denn wenn man gewohnt ist, sich an den Tasten eines Flügels auszutoben, wenn einen etwas bedrückt, dann ist es schon sehr bitter, seine Hände ruhig zu halten.

Klar, mit der linken Hand konnte ich spielen, aber meine pianistischen Fähigkeiten sind nun mal nicht so gigantisch, dass ich mir nur mit meiner Linken den Schmerz von der Seele spielen könnte. Ravels berühmtes Konzert für die linke Hand könnte ich nicht mal mit zwei Händen gut spielen.

Der Mensch braucht Kunst: Reflexionen zur Bedeutung von Musik und Kultur

Nichts ist selbstverständlich. Doch die tiefere Dimension dieser drei häufig so achtlos dahingesagten Worte habe ich erst in der Abwesenheit der Bühne, in der täglichen Stille des Für-Mich-Seins erkannt. Mir – das muss ich an dieser Stelle ganz ehrlich sagen – fällt eigentlich erst jetzt im Moment des schmerzhaften Verlustes auf, dass ich 50 Jahre lang jedes Jahr wie selbstverständlich an die hundert Konzerte gegeben habe. Ja, spielen durfte. Für Menschen. Ein halbes Jahrhundert lang. Es war einfach so. Wunderschön und normal.

Und dann fällt mir plötzlich auf, wie das ist ohne Publikum, ohne singen zu können für andere. Denn dieser Zustand, dieses Erleben, diese Erkenntnis sind die Konsequenzen aus der Abwesenheit der Selbstverständlichkeit meines bisherigen Tuns. Klar, ich kann mich daheim hinstellen und für mich allein Gesangsübungen machen. Aber das ist etwas ganz anderes. Ohne diese Umarmung – ob das nun eine geistige oder auch körperliche Umarmung des Publikums ist. Ohne Interaktion, ohne Kommunikation, ohne Zugabe, ohne Hingabe, ohne sich im Klang zu verlieren und neu zu erfinden. Das alles ist Singen ohne Publikum.

Ich hätte bisher eigentlich schon unendlich dankbar sein müssen, dafür, dass ich das Singen für und vor Publikum über 50 Jahre lang ganz selbstverständlich erleben durfte. Jetzt merke ich, dass nichts wirklich selbstverständlich ist. Und diese (späte) Erkenntnis macht mich melancholisch und zugleich umso dankbarer. Was für ein Geschenk bedeutet es, bereits ein halbes Jahrhundert lang dieses einzigartige Gefühl beim Singen vor Publikum erlebt, durchlebt und genossen haben zu dürfen. Und die Vorfreude gibt mir die Kraft, auch in dunklen Stunden durchzuhalten und mich genau darauf wieder zu freuen.

Die Kultur der Achtsamkeit –
gegen die Ignoranz

Natürlich ist der aktuelle Zustand für mich oft sehr zermürbend, und vermutlich leiden ganz besonders alle KünstlerInnen daran, die live vor Publikum auftreten. Bei denen die Interaktion mit den Zuhörer- und ZuschauerInnen ein wesentlicher Teil der Kunst ist. Ein Moment der gelebten kulturellen Praxis.

Besonders hart wird es immer dann, wenn wir zusätzlich auch noch den vorherrschenden politischen Diskurs unserer PolitikerInnen und Regierungen, die sich bereits im Dauerwahlkampf befinden, ertragen müssen. Diese Ignoranz, diese Verachtung, diese gönnerhafte Dummheit. Diese fehlende Empathie und Leidenschaft für die Rolle der Kunst und Kultur und vor allem für ihre Bedeutung für die Menschen und die Gesellschaft. Doch zermürben dürfen wir uns davon nicht lassen.

So habe ich am 24. Oktober 2020 eine Videobotschaft aufgenommen für eine Protestkundgebung von Kulturschaffenden – »Aufstehen für Kultur« – auf dem Münchner Königsplatz. In meiner Botschaft machte ich mir Gedanken *Über Solidarität, Poesie und Widersand in stürmischen Zeiten*:

Manchmal könnte man schon verzweifeln über die grassierende Verlogenheit und die Ungerechtigkeit der herrschenden Verhältnisse:

Am Anfang der Pandemie wurde plötzlich sehr viel von Solidarität geredet und selbst Politiker wie Söder, Merz und Co. haben ihre Bedeutung in Krisenzeiten beschworen: Zum Beispiel die Solidarität mit den PflegerInnen oder den Tram-, Bus- und U-BahnfahrerInnen und zahlreichen anderen lebensnotwendigen Berufen, die unsere nötige Infrastruktur aufrechterhalten.

Aber folgten diesen Appellen zur Solidarität und mehr sozialer Gerechtigkeit Taten? Waren sie überhaupt ernst gemeint?

Hat sich etwas grundsätzlich geändert?

Leider nein: Den im Frühjahr noch als »HeldInnen des Alltags« Gefeierten, die jetzt streiken, weil sich nichts für sie zum Besseren gewendet hat, bläst wieder die alt bekannte soziale Kälte und zynische Verachtung ins Gesicht.

Kein Pflegegipfel weit und breit! Stattdessen Milliardengeschenke an die Auto- und Luftfahrtindustrie. So werden die ökologischen und sozialen Verwüstungen des Neoliberalismus und des Patriarchats in dieser globalen Pandemie sich noch weiter verschärfen.

Nein, die verantwortlichen PolitikerInnen haben nicht innegehalten, Fehler eingeräumt und angefangen, darüber offen zu sprechen, dass es so nicht weitergehen kann?

Dass wir alle so nicht weitermachen können und dürfen:

- weil das Klima und die Umwelt zerstört wird.
- weil die deutschen Rüstungskonzerne mit Duldung der Bundesregierung weiter Waffen an Despoten wie Erdoğan liefern.
- weil Herr Seehofer und die EU mitten in einer globalen Pandemie auf Lesbos die Abschaffung des Asylrechts und der Menschlichkeit sowie die Militarisierung und Brutalisierung des EU-Grenzregimes vollziehen.
- weil die sozialen Verhältnisse in unserer Gesellschaft immer ungerechter werden.
- weil die einen in dieser weltweiten Pandemie Wohnung und

Arbeit verlieren und die anderen trotz der Pandemie zum Beispiel weiter unverschämte Mieten verlangen dürfen oder die Löhne weiter drücken.

Längst kämpft die freie und unabhängige Kunst- und Kulturszene ums nackte Überleben.

Und warum? Weil der Aufruf vieler PolitikerInnen zur »Solidarität« leider nicht ernst gemeint war und vor allem nicht für alle gilt.

Wann wird endlich von all den vielen Immobilien-Investment-Gesellschaften und EigentümerInnen »gesellschaftliche Solidarität« eingefordert? Damit müssen wir schon selbst anfangen!

Lasst uns deshalb ab heute gemeinsam fordern, dass die Besitzenden zumindest bis zum Ende der Pandemie auf ihre ohnehin unverschämt teuren Mieten verzichten müssen. Und lasst uns für ein bedingungsloses Grundeinkommen für alle Kulturschaffenden eintreten, solange und immer dann, wenn sie nichts verdienen können.

Das wären sinnvolle Maßnahmen gegen die sozialen Auswirkungen einer einzigartigen Pandemie: Wie viele Kulturprojekte, Veranstaltungsorte, Clubs und KünstlerInnen würden diese Krise überstehen können, wenn sie nicht ihre letzten Reserven Eigentümern für Mieten in den Rachen werfen müssten?

Aber den meisten PolitikerInnen will es einfach nicht in den Kopf, welche Relevanz Kultur und Kunst für die Menschen und die Gesellschaften haben.

Dazu möchte ich gerne den wunderbaren Georg Kreisler zitieren: »Wer Kunst versäumt, verschenkt nicht nur einen wichtigen Teil seines Lebens, sondern leistet auch Vorschub für eine Veränderung der Gesellschaft, die meistens mit Blutvergießen verbunden ist. Der Mensch braucht Kunst, das hat sich immer wieder erwiesen, nicht zur Unterhaltung, da kann er auch zum Pferderennen gehen, sondern weil sie ein Teil seiner selbst ist. Und wenn er sie nicht kriegt, versucht er, sie irgendwie zu ersetzen, oft durch Gewalt.«

Der Beifall der Protestierenden, das Interesse an dem Beitrag im Internet und die überwältigende Resonanz haben mich sehr gefreut und ermutigt. Ich glaube, ohne Kunst und Kultur würde die Menschheit in Barbarei zurückfallen. Es war deshalb für mich ein entsetzlicher, ein schrecklicher Tiefpunkt, als die verantwortlichen PolitikerInnen mit einer Verordnung Kultur und Kunst zu einer verzichtbaren Freizeitgestaltung erklärt und damit generell als verzichtbar degradiert haben. Als Museen, Theater und Konzerte auf eine Stufe mit Spielcasinos und Fitnessstudios gestellt wurden, spürte ich erneut den Zorn in mir aufsteigen.

Was für eine Unverfrorenheit, was für eine Unverschämtheit. Da war er wieder, der Ärger, wie schon so oft in den vergangenen Monaten, den als Poesie auf die Bühne und als Widerstand auf die Straße zu bringen uns derzeit so unendlich schwer gemacht wird. Warum eigentlich? An der frischen Luft mit Masken, Abstand, Vorsicht und Rücksicht für alle anderen hätte zumindest das Demonstrieren im öffentlichen Raum unser gesellschaftliches Immunsystem gestärkt und vermutlich den Verantwortlichen Druck gemacht, so manchen Fehler in der Bekämpfung der Pandemie zu unterlassen und sich vor allem sofort um den lebenswichtigen Schutz der gefährdetsten Menschen unter uns zu kümmern und nicht erst dann, als bereits Tausende von ihnen verstorben waren. Und zudem ist das kollektive Teilen des Ärgers und der Empörung, der Austausch, das Ringen um kreative Alternativen, um sinnvollere und gerechtere Lösungen so unendlich wichtig für ein Leben, das sich nicht in der neoliberalen Konkurrenz deformieren und zerstören lassen will. Wir brauchen eine Kultur der Auseinandersetzung, des Diskurses, des kreativen Denkens und freien Assoziierens über menschliche und gerechte Lösungen von Problemen.

Ein Tiefpunkt im Verständnis von Kultur und Bildung war der Moment, in dem der bayerische Ministerpräsident öffentlich erklärte, dass die Schulen und Kitas nicht für die Kinder und Jugendlichen als Orte der Bildung und Kommunikation möglichst lange geöffnet bleiben sollten, sondern aus einem ganz anderen Grund. Vielleicht hat er sich da auch einfach mal verplappert: Die Schulen und Kitas möglichst offen zu halten, sei dafür notwendig, damit die Eltern weiter die Wirtschaft am Laufen halten könnten, also zur Arbeit gehen und weiter produzieren könnten. Was für ein instrumentelles Verhältnis zu Bildung und Kultur. Auf das eine kann man also verzichten, auf das andere nicht. Denn für Söder sind Schulen und Kitas demnach in erster Linie Verwahranstalten, damit einige weiter Kasse machen können. In solchen Momenten offenbart sich das Denken klar und deutlich. Vielleicht wäre es ja klug gewesen, die Auto-, Waffen- und Chemiefabriken sowie die Großraumbüros der Banken für einige Wochen in den Lockdown zu schicken, denn dort treffen bis heute Tausende Menschen aus unterschiedlichen Haushalten ohne gesetzlich verordnete Hygieneregeln und Schutzausrüstung aufeinander. Und genau hier dürfte sich der Virus auch massiv in der Bevölkerung ausgebreitet haben.

Vielleicht wäre es ja auch viel sinnvoller im Sinne einer effektiven Pandemie-Bekämpfung gewesen, die Eltern zu Hause zu lassen und den Schulunterricht zeitweise in die Museen und Theater zu verlegen, wo längst effektive Hygienekonzepte erarbeitet worden sind und es vor allem ausreichend Platz für große Klassen gibt und sie nicht wochenlang frieren hätten müssen und sich in engen Räumen weiter angesteckt hätten. Rund 13,5 Millionen Kinder und Jugendliche unter 18 Jahren leben in Deutschland. Vielleicht wäre es ganz nebenbei auch eine Chance gewesen, Kunst und Kultur erlebbar zu machen, erleben zu lassen und damit auch ihr kreatives und kritisches Potenzial. Alles das, was Kunst und Kultur von Unterhaltung und Konsum unterscheidet. Wir hätten endlich mal wieder nach der jahrzehntelangen Kürzung der musischen und künstlerischen Bildung unseren Kindern eine Welt fernab von Leistung und Konkurrenz eröffnen können. Sie hätten fühlen und spüren können, was Musik und Kunst gerade in Zeiten von Krise und Verzweiflung bewirken können. Doch dazu müsste man erst einmal wichtige Fragen zulassen können.

Was bewirkt die Kultur in uns Menschen? Warum brauchen wir sie? Warum sehnen wir uns nach ihr? Sehr oft habe ich in den vergangenen Monaten über das Wesen der Kunst, der Poesie, der Musik nachgedacht. Früher, als ich viel mit meinem Liedermacher-Kollegen Hannes Wader unterwegs war, wurden wir immer gefragt: »Jetzt seid ihr seit 40 Jahren auf der Bühne und versucht, die Welt zu verbessern. Schaut euch doch mal die Welt an, eure Lieder haben nichts bewirkt.« Daraufhin sagte der Hannes leicht genervt: »Die Frage ist unfair gestellt: Wie würde die Welt aussehen ohne diese Mosaiksteinchen, zu denen wir gehören?« Für mich ist das ein ganz wichtiger Punkt. Und ich glaube, in den letzten fünftausend Jahren hätte das Patriarchat die Welt noch viel mehr vernichtet, wenn es nicht immer wieder die Kultur gegeben hätte, die einiges verbessern konnte, aber auch vieles aufhalten konnte an dieser Barbarei, an diesem unglaublichen, malignen Machtstreben.

Über solche Fragen habe ich auch in einer auf meinem YouTube-Kanal gestreamten Diskussion mit vier Musiker-Kolleginnen gesprochen und nachgedacht. Ein Wortwechsel mit meiner langjährigen Kollegin Fany Kammerlander hat mich nachhaltig berührt. Sie hat Musik gehört, schon lange bevor sie sprechen konnte. Fany ist mit klassischer Musik und Kammermusik und Volksmusik in einem Elternhaus aufgewachsen, wo Mutter und Vater bereits MusikerInnen waren. Auf meine Fragen: »Was bewirkt überhaupt die Musik? Was löst Mozart in dir aus? Was bewirkt die Musik, die du wirklich liebst? Was macht das mit dir und deiner Seele?«, antwortete Fany sehr konkret: »Wenn ich Mozart höre, der tröstet mich. Wenn ich

Bach höre, der sortiert mich. Also es ist wirklich so. Es gibt einfach Komponisten, die erfüllen mich mit Leben. Ich habe schon früher, auch in schweren Zeiten gesagt, wenn es die Musik nicht gäbe, wäre ich nicht mehr am Leben. Also vielleicht wäre mein Körper noch da, aber ich wäre ganz sicher nicht mehr am Leben. Musik ist ein Teil meines Lebens. Für mich ist Musik lebensrettend und Lebensinhalt und Lebensmittel.«

Diese Sätze haben mich tief bewegt. Weil ich schon lange der festen Überzeugung bin, dass Musik in allen Menschen etwas bewirken kann, etwas Heilendes. Für mich hat Musik eine Heilkraft – immer schon gehabt. So ist Musik und Kunst ein ganz elementarer und wesentlicher Teil von uns Menschen, unseres Lebens, unserer kulturellen Praxis als soziale Wesen. Und nicht nur das Musizieren, auch das Anhören von Musik. Und natürlich ist es dabei schon was anderes, ob ich alles nur über Kopfhörer höre oder ob ich in einem Konzertsaal, einer Halle oder einem Club sein kann und die Musik, die einzelnen Lieder live hören und erleben kann.

Deshalb müssen wir auch darüber nachdenken, wieso die Kultur eigentlich für die meisten PolitkerInnen offensichtlich nicht systemrelevant ist. Und wieso sie so gern als Unterhaltung, als Freizeitbeschäftigung, als Hobby, als verzichtbar abgetan wird, und wie es passieren konnte, dass Konzerte, Kunst und Kultur mit Spielcasinos auf eine Ebene gestellt werden konnten. Bei manchen PolitikerInnen glaube ich, dürfte es schon auch daran liegen, dass sie Angst haben, weil sie wissen, dass Kultur sehr frech sein kann, sehr kritisch. Ich befürchte sogar, dass es vielen PolitikerInnen im Moment ganz recht ist, wenn zum Beispiel hervorragende Kabarettisten in einer solchen Situation nicht mehr so auftreten können, wie sie früher aufgetreten sind, weil sie etwas bewirken. Dazu kommt noch ein ganz entscheidender weiterer Punkt: Dieses gemeinsame Erleben von Musik, also auch für das Publikum und nicht nur für die, die musizieren. Dieses gemeinsame Erleben, diese Interaktion schafft ja eine noch stärkere seelische Verbundenheit. Ja, es gibt Momente, wo es – wie der spanische Cellist Pau Casals (29. Dezember 1876 – 22. Oktober 1973) so schön sagte –, die Stille ist, die den Künstler ehrt und nicht der Applaus. Applaus braucht man auch – gar keine Frage. Aber diese Momente der Stille, wenn das ganze Publikum einfach sich fast nicht mehr zu atmen traut, weil etwas so tief gegangen ist. Diese Momente haben etwas Magisches und Ewiges. Und sie hatten und haben in manchen gesellschaftlichen Situationen auch eine systemverändernde und sprengende Wirkung. Für alle, die Jimi Hendrix' musikalisch und künstlerisch geniale Anti-Kriegsversion der US-Hymne jemals gehört haben, jenes mit Saiten einer E-Gitarre erzeugte unbarmherzige Stakkato der Einschläge von Bomben und Explosionen, dürfte ein emotionaler Denk- und Kritikraum über Krieg, Nation und die Kultur des Tötens geöffnet worden sein. Und das ist nur ein Beispiel.

Im Bewusstsein, dass wir diese unvergleichlichen Momente in Zeiten der Pandemie nicht vergleichbar schaffen können, haben wir als KünstlerInnen begonnen, zumindest Annäherungen, Alternativen und kulturelle Angebote zu schaffen, oder wie es meine Bühnenkollegin Fany Kammerlander in einer unserer Diskussionen ausgedrückt hat: »Ich habe schon im ersten Lockdown geschaut, was kann man für die Menschen machen, die Kultur brauchen. Da waren sie wirklich zu Hause, keiner durfte mehr raus, alle waren daheim und brauchten Kultur.«

Wir haben also Konzerte im Studio gespielt und live in die Wohnzimmer gestreamt. Wir haben Konzerte in Autokinos und Konzertreihen in Kirchen organisiert und zuletzt auf Einladung solidarischer Pfarrer und Kirchengemeinden Musik in und um Gottesdienste live für wenige und digital für alle gemacht, als der November-Teil-Lockdown zwar Gottesdienste, aber keine Konzerte mehr erlaubte. Für mich kein Problem: Ich war ja immer schon der Meinung, dass ein Konzert so eine Art Gottesdienst ist. Und der Auftritt mit Fany Kammerlander und Jo Barnikel als Trio zu Nikolaus am 6. Dezember in der St. Maximilianskirche in München ist unvergesslich. Wir haben viele Experimente gewagt und Wege ausgelotet. Und wir werden es weiter tun in dem festen Glauben und dem Bewusstsein, welche unverzichtbare Rolle Kunst und Musik für unser Leben und die Kultur einer Gesellschaft haben.

Doch wir dürfen nicht vergessen: Für viele MusikerInnen und KünstlerInnen begann auch sehr früh der Kampf ums Überleben: Denn die Zeit der Experimente war bei aller Solidarität untereinander und Spendenbereitschaft finanziell eine Katastrophe. Viele leben von diversen Jobs, Fany hat Pizza gebacken, in Geschäften gearbeitet und im Café bedient. Bis auch die alle schließen mussten. Meine Kollegin, die studierte klassische Oboistin, Pianistin und Liedermacherin Miriam Hanika, kann sich als Musiklehrerin über Wasser halten. Hoffentlich alles nur vorübergehend. Denn ihr eigentliches Berufsziel ist natürlich, endlich wieder auf der Bühne als freischaffende Musikerin stehen zu können wie wir alle.

Kultur und Solidarität sind
Nahrung für Seele und Körper

Niemals dürfen wir den Verlust von Kunst und Kultur akzeptieren, uns an die Abwesenheit von Konzerten, Theater, Kino, Tanz, Theater, Lesungen oder Ausstellungen gewöhnen. Wir dürfen uns nicht daran gewöhnen, unsere Bücher, Platten und CDs (auch) in Zukunft, anstatt sie gemeinsam in Buch- und Musikgeschäften, auf Lesungen, Konzerten oder Festivals zu kaufen, alleine im Internet zu bestellen. Ich bin mir daher nicht sicher, ob es nicht angemessen und klug gewesen wäre, wenn schon alle Geschäfte wieder schließen müssen, am 16. Dezember 2020, auch Amazon und die Hallen der Versandkonzerne dicht zu machen, die schon lange unseren Buch- und Musikläden die Existenz streitig machen. Zudem die, die es entschieden haben, bis heute in den Hallen der Versandkonzerne weder für menschenwürdige Arbeitsbedingungen und gerechte Löhne noch für ein angemessenes Schutz- und Hygienekonzept gegen Covid-19 gesorgt haben. Kein Wunder also, dass sich mehr Menschen in den Logistikzentren von Amazon oder den Schlachthöfen der Tönnies-Holding mit Covid-19 infiziert haben als in kleinen Buchläden oder Metzgereien mit Hausschlachtung. Es wäre eine fatale Entwicklung, könnten wir es nicht verhindern, dass langfristig eine noch massivere Verlagerung des Buch- und Tonträgervertriebs in den Versandhandel als Folge des kulturellen Umgangs mit dieser Pandemie stattfindet.

Denn ohne unsere kulturelle Vielfalt und die konkrete Begegnung mit Büchern und Musik in Geschäften mit realen Menschen, in Bibliotheken, Konzert- und Lesesälen würden die zerstörerischen Kräfte der reinen Gewinnmaximierung weiter unser Leben, die Menschlichkeit, das Klima, das Wasser, die Luft und die gesamten ökologischen Grundlagen vernichten. Doch genau dieses tödliche Prinzip des Profits wird auch in der Pandemie gegen jede Vernunft aufrechterhalten von denen, die dazu aktuell die Macht haben und sich als Retter in der Not für die nächste Wahl in Stellung bringen wollen. Längst ist zu erkennen, dass anstatt die Lasten dieser globalen Krise gerecht zu verteilen, viele verlieren werden, damit wenige noch mehr gewinnen können. Wenn wir das als Mehrheit der Gesellschaft nicht in einer großen kulturellen und politischen Anstrengung zu verhindern wissen, wird es unser aller Leben für die nächsten Jahrzehnte nachhaltig zum Negativen verändern. Das ist für mich eine unerträgliche Vorstellung. Und so war es mir ein Anliegen, am 5. Dezember 2020 ein kleines Manifest öffentlich zur Diskussion zu stellen, ein *Plädoyer für ein menschenwürdiges Grundeinkommen – oder warum es in dieser globalen Pandemie keine VerliererInnen geben dar:*

Die Bundesregierung und viele PolitikerInnen halten eine weitere Verschärfung der Maßnahmen für denkbar und notwendig.

So weit, so schlecht. Die Meldungen überschlagen sich, PolitikerInnen sorgen sich, VirologInnen erklären sich.

Um es vorweg noch einmal klar und deutlich zu sagen: Ich halte die Covid-19-Pandemie für eine globale Gefahr, ich halte Maskentragen und Hygienekonzepte für sinnvoll, ich demonstriere nicht mit Nazis und Reichsbürgern und ich verachte die verlogene Rhetorik völkischer Demagogen.

Aber mir fällt auf, dass all jene, die uns nun die Freiheit beschneiden wollen – und ja, vielleicht auch müssen – von einer sicheren und gesicherten Warte aus zu uns sprechen, die mittlerweile Millionen von Menschen fast schon absurd entrückt scheinen muss.

Milliarden werden in große Konzerne und ausgewählte Wirtschaftssektoren investiert und nicht in die Menschen. Viele müssen in überfüllten U-Bahnen und Zügen zur Arbeit fahren, wo die Hygienekonzepte weitaus mangelhafter sind wie in vielen Museen oder Konzertsälen.

Wer sich heute Sorgen machen muss, ob er morgen was zu futtern hat, wie er seine nächste Miete bezahlen kann, seine Versicherungen, seinen Lebensunterhalt bestreiten kann, wird dieser Politik wenig Vertrauen entgegenbringen. Und deshalb auch vielleicht irgendwann den Anti-Corona-Maßnahmen den Stinkefinger zeigen. Die PolitikerInnen haben ein gesichertes Einkommen, eine sichere Rente, ein sicheres Zuhause.

Das sei ihnen gegönnt. Aber eben allen anderen Menschen auch!!!

Statt in die großen Konzerne zu investieren, sollten unsere PolitikerInnen allen, die jetzt um ihre Existenz fürchten müssen, erst mal beistehen und ihnen das Gefühl geben, dass wir das nur gemeinsam schaffen werden. Es führt kein Weg an einem menschenwürdigen Grundeinkommen vorbei. Für alle selbstständigen KünstlerInnen, VeranstalterInnen, Kulturschaffende, TechnikerInnen und Gastronomen – einfach für jede und jeden, die nun diese Maßnahmen auf sich nehmen müssen, um ihre eigene und die Gesundheit anderer nicht zu gefährden.

Nur so kann das eintreten, was in diesen Zeiten wirklich notwendig und einzig hilfreich wäre: dass jede und jeder in eigener Verantwortung seine Freiheit beschränkt.

Längst kämpft die freie und unabhängige Kunst- und Kulturszene ums nackte Überleben. Und warum? Weil der Aufruf vieler PolitikerInnen zur Solidarität leider nicht ernst gemeint war und vor allem nicht für alle gilt. Es darf nicht sein, dass viele zu VerliererInnen dieser Pandemie verurteilt werden, während die anderen weiter Kasse machen können auf Kosten der Verlierer. Ein Beispiel: Während die einen nichts mehr verdienen können, dürfen andere weiter volle Mieten verlangen und Löhne kürzen. Während die einen also Opfer bringen sollen und immer mehr verlieren, können andere weiter Profite machen und noch reicher werden. Das ist zutiefst ungerecht und spaltet die Menschen weiter in Gewinner und Verlierer.

Wann wird endlich von Immobilien-Investment-Gesellschaften und EigentümerInnen »gesellschaftliche Solidarität« eingefordert?

Warum müssen die Besitzenden noch immer nicht bis zum Ende der Pandemie auf ihre ohnehin unverschämt teuren Mieten verzichten? Wir brauchen einen Mietenstopp bzw. ein Moratorium. Das wären sinnvolle Maßnahmen gegen die sozialen Auswirkungen einer einzigartigen Pandemie: Wie viele Kulturprojekte, Veranstaltungsorte, Gastronomiebetriebe, Clubs und KünstlerInnen würden diese Krise überstehen können, wenn sie nicht ihre letzten Reserven Eigentümern für ohnehin schon viel zu hohe Mieten in den Rachen werfen müssten?

Aber den meisten PolitikerInnen will es einfach nicht in den Kopf, welche Relevanz Kultur und Kunst für die Menschen und die Gesellschaften hat.

Kultur ist Nahrung für die Seele, Poesie ist Widerstand! Der Mensch braucht Kunst, weil sie ein Teil seiner selbst ist, weil sie in ihm sein Innerstes zum Klingen bringt, weil sie in uns das Menschliche weckt und uns erkennen lässt: Wir sind nicht zu trennen. Wir sind eins und zusammen.

Kunst, gar wenn sie noch sperrig ist, nicht dem Zeitgeist in den Arsch kriecht, nicht das gängige Bild der Welt mitträgt, ist nun mal nicht wie ein Arzneimittel patentierbar.

Poesie heilt, ohne dass Bayer dran verdienen kann. Sie macht uns reich, ohne dass sich jemand daran bereichern kann.

Diese globale Pandemie können wir nur dann ohne VerliererInnen und mit Solidarität und Gerechtigkeit gemeinsam meistern, wenn alle gleich behandelt werden – eben auch die Ärmsten und gesellschaftlichen Außenseiter, die seitlich Umgeknickten und Verrückten, die Narren und Poeten, die hilflosen und Verschmähten – allen, einfach allen muss die Möglichkeit geboten werden, zu überleben und nicht aus ihren Wohnungen geschmissen zu werden.

Nehmt das Geld von den Milliardären und den bisher steuerbefreiten Konzernen, sie haben es sich sowieso nicht redlich verdient. Stoppt die Rüstungsproduktionen und sichert jede einzelne Bürgerin mit einem Grundeinkommen ab. Dann werde ich auch sicher nicht mit allem einverstanden sein, was die Regierungen und viele PolitikerInnen von sich geben. Aber dann kann ich sie wenigstens ernst nehmen mit ihren Forderungen. Wir dürfen nicht zulassen, dass sich eine Situation ergibt, die einem rechten Umsturz Vorschub leistet.

Ich bin und bleibe ein bekennender Utopist, und ich habe mich nie geschämt dafür. Wir müssen und werden weiter für eine gerechtere, friedliche, herrschaftsfreie Gesellschaft und ein gutes Leben für alle Menschen streiten.

Poesie und Widerstand

Immer wieder wurde ich gefragt, wie ich alter Anarcho, ich alter Rebell denn nun mit den staatlichen Maßnahmen umgehen würde, den Einschränkungen der Freiheit, warum ich denn nicht auf die Straße gehen würde und mich gegen das Tragen von Masken aussprechen würde, freiheitsdurstig wie ich nun mal sei. Und immer wieder: »Willy hätte sich das nicht gefallen lassen, Willy hätte rebelliert, wär auf die Straße gegangen.«

»Freiheit hoasst koa Angst habn vor Nix und Neamands« hab ich in meinem Willy vor über 50 Jahren geschrieben.

Und natürlich steh ich zu diesem Satz, auch wenn es manchmal ganz schön schwer ist, keine Angst zu haben. Und wie entsetzlich unfrei wäre ich in der Nazizeit gewesen. Ich hätte schreckliche Angst gehabt. Oder noch schlimmer – wer weiß das schon – ein anderes und liebloses Elternhaus, ein prügelnder und autoritärer Vater und ich wäre vielleicht ein begeisterter Standartenführer gewesen?

Aber zurück zum anarchischen Rebell in mir: Weshalb sollte ich eigentlich gegen eine Pandemie rebellieren? Gegen einen Tsunami? Ein Erbeben? Ist das Tragen von Masken zum Schutze Anderer nicht eine demokratische Selbstverständlichkeit? Klar ist, dass die Machthaber auch eine Pandemie liebend gern für ihre autoritären Gelüste missbrauchen, und dagegen gilt es durchaus zu rebellieren. Und das habe ich deutlich getan und werde ich auch weiterhin tun. Sowohl in meinem *Willy* 2020 im April als auch in meinem Manifest vom 5. Dezember.

Dafür müssen Menschen aber erst einmal die Chance haben, mit Musik, Kunst und Kultur bewusst in Berührung, in Beziehung zu kommen. In den Gesprächen mit meinen KollegInnen hat mich ein Gedanke meiner Kollegin Sarah Straub darin bestärkt. Sarah sagte: »Ich glaube, dass viele Menschen – so erlebe ich sie zumindest – das Gefühl haben, sie brauchen das auch nicht, die Kultur. Wir sind uns dessen sehr bewusst, was Kultur und Kunst mit uns macht. Mit unserem Herzen macht, aber es gibt viele Menschen, die wissen das einfach nicht und denken dann, sie brauchen das nicht. Wer stellt sich schon die Frage: Was will ich mit Kultur? Vielen nehmen es vermutlich gar nicht bewusst wahr, dass sie auch zum Beispiel als Festival-Gänger – und das zähle ich nicht zur Unterhaltung, das ist auch Kultur –, mit Zigtausend anderen Leuten eine Musik hören, die sie berührt und wo sie nach Hause gehen und sagen, das hat jetzt mein Leben verändert. Und das ist auch das, was ich an Konzerten so toll finde, dass man wirklich – jetzt wie bei deinen Konzerten – rausgeht und denkt, wow, jetzt versuche ich, ein besserer Mensch zu sein. Und das macht halt außer Kultur nichts.«

Oder wie es die Kollegin Tamara Banez formuliert hat: »Wenn ich einen Song höre, der wirklich mit Herzblut entstanden ist und der eine Demonstration etwa von Fridays for Future unterstützt, dann bewegt mich das viel mehr, wie einfach nur Demosprüche oder nur Reden zu hören. Das ist auch alles wichtig, aber die Musik ist das, was ungefiltert mein Herz berührt. Es ist doch schön, wie Sarah gerade gesagt hat, wenn man nach einem Konzert von Konstantin nach Hause geht und einfach den Wunsch hat, ein besserer Mensch zu sein – das ist so.«

An dieser Stelle musste ich schmunzeln, weil ich mich plötzlich an etwas erinnert gefühlt habe, was ich früher öfter selbst gespürt hatte: Wenn ich Dostojewski gelesen habe, wurde ich für ein paar Wochen ein besserer Mensch. Hat sich leider dann etwas wieder gelegt. Aber wir erleben es ja als KünstlerInnen eigentlich alle mit unserem Publikum: Die Menschen im Publikum sind nicht unbedingt alle unserer Meinung, oder der gleichen Meinung, wie der Künstler oder die Künstlerin auf der Bühne, und das muss auch überhaupt nicht sein. Aber sie haben die gleiche Sehnsucht. Der Brief eines älteren Herrn – jünger als ich, aber ein älterer Herr –, hat mir ganz deutlich gezeigt, was man wirklich als Künstler bewirken kann. Er schrieb mir nach einem Konzert: »Lieber Herr Wecker, ich wollte eigentlich den lieben Gott einen guten Mann sein lassen. Jetzt war ich in Ihrem Konzert und ich verspreche Ihnen, ich engagiere mich weiter.« Diese Momente der Bestätigung, des wieder Mut-Schöpfens, des sich Bestärkt-Fühlens durch und in der Gemeinschaft mit anderen, beschreibt stellvertretend für viele einen wichtigen kulturellen Prozess, der in und durch die Musik erlebt werden kann: Weil du siehst, wenn du in so einem Konzert bist – auch ich als Publikum –, da sind andere, die sind auch begeistert und sagen, ich bin ja gar nicht allein.

Als ich meinen Dostojewski gelesen habe als 15-Jähriger war ich allein. Gut, da war es auch gut so, ich war in der Pubertät und habe gesagt, der hilft mir. Aber es ist so schön, auch mal wo zu sein, wo man merken und spüren kann: Man ist nicht allein mit seiner Meinung, es gibt viele, viele andere, die die gleiche Sehnsucht haben. Oder wie es Sarah Straub sagte in unserem Gespräch: »Und deswegen brauchen wir das und gerade auch die Poesie: Ich habe früher nie Gedichte gelesen. Englische Gedichte habe ich gelesen, ja, aber die deutschen großen Denker und Dichter, die sind an mir vorübergegangen bis vor ein paar Jahren. Und jetzt weiß ich, okay, die berühren mich auch so sehr, und ich laufe dann so gedankenschwanger durch den Tag mit irgendwelchen Zeilen, weil die so großartig sind. Und ohne so was kann man gar nicht leben. Mein Leben ist so viel reicher, seitdem ich die deutsche Poesie entdeckt habe.«

Und genau das gilt für jede Poesie und Musik egal in welcher Sprache. Auch wenn ich, weil ich mich da besser auskenne, von deutscher Poesie und klassischer Musik spreche und zum Beispiel nicht vom Rap, der auch großartige Kunstwerke geschaffen hat. Vielleicht können wir den Unterschied zwischen Kultur und reiner Unterhaltung am ehesten darin zusammenfassen und erkennen: Kultur ist, wenn man spürt, dass es in einem etwas bewirkt. Es nicht nur an der Oberfläche kratzt, wie meine Kollegin Tamara Banez es ausdrückte. Kultur dient nicht nur dem reinen Vergnügen, sondern sie hinterlässt etwas in einem. Ohne Kultur, habe ich das Gefühl, passiert und vor allem entwickelt sich wenig bis nichts: Für mich gab und gibt es ein paar Dichterinnen und Dichter, die wirklich mein Leben immer wieder nicht nur bereichert, sondern verändert haben. Wenn ich überlege, was Mascha Kaléko in mir bewirkt hat, das ist so unglaublich. Ich habe sie erst mit 14, 15 kennengelernt, obwohl ich seit meinem zwölften Lebensjahr Gedichte liebe und auch geschrieben habe. Aber Mascha Kaléko war die erste Frau, die ich entdeckt habe. Bis dahin wurden mir nur Dichter gezeigt in der Schule, im Unterricht. Diese Begegnung hat wirklich unglaublich viel bewirkt und in mir bewegt damals.

Wenn wir in dieser Krise über die Bedeutung, das Überleben und die Rettung von Kultur und Kunst nachdenken, sollten wir immer auch über den Unterschied von Musikindustrie und musikalischer Subkultur sprechen. Dazu sagte meine Kollegin Miriam Hanika in unserer Debatte über die aktuellen Bedrohungen für Kunst und Kultur, die wir am 5. Dezember gestreamt haben: »Wir sind Subkultur. Das heißt nicht, dass das, was die Musikindustrie beiträgt, schlecht ist. Aber das wird überleben. Das wird auf jeden Fall auch diese Corona-Krise überleben. Das, was zu verschwinden droht, sind die Leute, die wirklich etwas Eigenes machen, also die keine große Industrie im Rücken haben und dann einen Texter hier und einen Produzenten da und einen Haufen von Leuten, die helfen, aus dieser Person ein Produkt zu erschaffen. Und das, was wir machen, ist ja etwas anderes: Wir erschaffen kein Produkt, sondern wir erschaffen wirklich was sehr, sehr Persönliches, auch sehr Authentisches. Zumindest – glaube ich – ist das hier unser aller Anspruch. Und das ist für mich auch tatsächlich Kunst und Kultur. Wenn ich selber in Konzerte gehe oder in Theaterstücke oder in irgendwelche Aufführungen, dann sind das immer Sachen, wo ich das Gefühl habe, es steht wirklich jemand oder eine große Gruppe von Menschen dahinter, die das mit Leib und Seele tut. Natürlich möchte man mit seiner eigenen Kunst auch Geld verdienen, aber es nimmt nicht den vordergründigen Platz ein. Sondern es geht darum, was in die Welt zu tragen, was diese Welt auch wirklich verändern kann, wie wir eben festgestellt haben. Und sie auch zu einem besseren Ort macht. Und die Menschen einfach erreicht.«

Und wir müssen etwas auf dieser Welt verändern. Denn eines ist deutlich spürbar in dieser Pandemie: Den meisten PolitikerInnen geht es nicht wirklich darum, den Einzelnen, den Individuen zu helfen und sie zu unterstützen, sondern es geht weiterhin in erster Linie ums ganz große Geschäft. Und ich kriege wirklich die absolute Krise, wenn ich mir mitten in dieser Krise überlege, dass Heckler & Koch in diesen ersten Monaten, wo wir nicht auftreten durften, den zehnfachen Gewinn gemacht hat im Herstellen von Waffen. Die nur dafür da sind, um andere Menschen zu vernichten. Auch deshalb darf es in der Kultur nicht allein um Unterhaltung, sondern immer auch um Haltung gehen.

Die Musikindustrie ist natürlich eine Industrie, und sie will in erster Linie Geld verdienen. Und da kann auch mal was Gutes dabei rauskommen – gar keine Frage. Aber eigentlich ist es die Subkultur, die es jetzt zu schützen und zu stützen gilt. Ich persönlich finde es sehr schön, dass es bei uns subventionierte Theater- und Opernhäuser gibt. Das finde ich sehr gut und kulturpolitisch absolut notwendig. Und das soll und muss auch weiter so sein und unbedingt bestehen bleiben. Aber es gibt auch Gründe, als Kulturschaffende nicht subventioniert zu sein und frei zu arbeiten. Ohne diese experimentelle Kreativität, Freiheit und Spontanität der Subkultur kann es auch keine lebendige und prozesshafte Kulturszene geben. Deswegen möchte ich noch mal auf meine Forderung nach einem menschenwürdigen Grundeinkommen zu sprechen kommen. Denn aktuell ist die Subkultur in ihrer Vielfalt existenziell bedroht und damit die gesamte Kulturbranche. Es muss doch machbar sein – und das wäre doch auch sicher finanziell machbar –, dass man wirklich allen, die es dringend benötigen, ein menschenwürdiges Grundeinkommen ausbezahlt. Vermutlich wäre diese unbürokratische Soforthilfe für alle, die sie benötigen, gesellschaftlich auch wesentlich günstiger und nachhaltiger als die Programme der Regierung.

Es kann ja sogar meinetwegen auch erst einmal Corona-Zeit-bedingt sein. Ich möchte jetzt nicht über meine wahren Utopien sprechen, die sind viel radikaler. Vielleicht bräuchten wir im Moment aber zumindest eine Art »Waffenstillstand« zwischen den wirklichen Forderungen, die ich als Utopist habe, und zwischen dem, was die Logik von Kapitalismus und Profitdenken eigentlich gegen mich unternehmen würde. Vielleicht könnte man sagen, in diesen Zeiten bräuchten wir die Hilfe von allen. Und alle bräuchten die Hilfe von allen. An dieser Stelle sollten wir uns an dieses unglaubliche Video der Bundesregierung erinnern: Ein alter Mann ist ganz stolz darauf, dass er »damals« nichts getan hat, also im Rückblick auf die Zeit der Covid-19-Pandemie. Die Macher wollten uns damit sagen: Eir sollen nicht raus, wir sollen nicht feiern, wir sollen nichts tun. Mag ja alles sein. Aber ist das die einzige Möglichkeit, zu Hause zu sitzen, wie in diesem Video, und nichts tun?! Ich finde das unglaublich peinlich.

Keiner von uns macht im Moment nichts. Wir sind alle – glaube ich – mehr beschäftigt als sonst. Nur schlechter bezahlt als sonst. Und mich stört so sehr, dass einfach keine langfristigen Lösungen gesucht werden. Also auf jeden Fall nicht für unsere Branche, weder für die Kulturbranche noch für die Gastronomiebranche, es wird einfach gecancelt. Aber es werden keine gerechten und effektiven Lösungen gesucht, obwohl es sie gibt. Zum Beispiel hilft ein (zumindest temporärer) Mietenstopp ganz konkret allen, die derzeit von einer Insolvenz und damit in letzter Konsequenz von Obdachlosigkeit bedroht sind. Alle KollegInnen, die ich danach gefragt habe, haben eindeutig geantwortet. Fany Kammerlander, um nur ein Beispiel zu nennen, sagte: »Ja natürlich, aber nur dann, wenn man es nicht nach drei Jahren zurückzahlen müsste, denn das ist nicht zu schaffen.« Vielen könnte geholfen werden, wenn wir es wollten. Oder wie Tamara Banez es ausdrückte in unserem Gespräch: »Mit einem Mietstopp. Es gibt Menschen, die haben so viel Geld. Und wir sprechen immer von gesamtgesellschaftlicher Solidarität, und ich denke mir manchmal, es wäre schön, wenn es wirklich eine Solidarität wäre: Wenn eine komplette Branche und mehr als das – es sind ja verschiedene Branchen, die da betroffen sind und Menschen, es ist ja nicht nur die Kulturbranche –, wenn diese Branchen also komplett vor dem Aus stehen und wirklich Leute in den Ruin getrieben werden und andere sitzen einfach auf ihrem Geld. Ich finde, gerade in der Zeit müsste man wirklich gucken, wer sind die Verlierer oder Verliererinnen und wer sind die Gewinner und Gewinnerinnen in dieser Krise? Und da müsste umverteilt werden. Also, es macht mich echt wütend.«

Am Ende meiner Reflexionen über die Bedeutung von Kultur und Kunst möchte ich die sehr persönlichen Antworten meiner drei Kolleginnen im Wortlaut sprechen lassen. Ich fragte sie alle: »Was glaubt ihr, könnt ihr mit der Musik, die ihr macht, als Mosaiksteinchen bewegen, und was wollt ihr eigentlich wirklich verändern?«

Tamara Banez: Es gibt so viel Leid und Ungerechtigkeit auf der Welt. Wenn du mich fragst, was ich im Herzen erreichen möchte: Ich möchte wirklich andere Menschen einfach berühren. Ich möchte, dass Menschen, die normalerweise sich schweren Themen verschließen und in die Verdrängung gehen, dazu bewegen, sich diese Themen anzugucken – es kann auf eine sanfte Art und Weise sein, es kann manchmal auch mit sehr dramatischen Songs auf eine sehr aufrüttelnde Art und Weise sein –, aber mir ist das wirklich wichtig, Menschen aus der Verdrängung zu holen, dass sie die Augen öffnen. Weil ich glaube, wir können nur als Gemeinschaft in einer besseren Welt leben, wenn die Menschen empathisch und mitfühlend sind.

Konstantin Wecker: Und das kann Kultur bewirken.

Miriam Hanika: Für mich persönlich ist es immer ein ganz großer Wunsch, dass die Menschen wieder lernen, mehr zuzuhören und auch mehr wieder auf leisere Stimmen zu hören. Also, was mich selbst auch immer beschäftigt hat, ist, dass man immer so geblendet ist und man immer auf die Stimmen hört, die so unglaublich laut sind und so schreien. Aber es gibt so viele tolle Menschen auf der Welt, die nie besonders laut schreien, aber im Endeffekt einen unglaublich inspirieren können. Und ich schreie ja auch selbst nicht besonders laut in meiner Musik, also ich bin ja auch eher so eine ruhige. Und spiegele das – glaube ich – auch damit selbst ein bisschen wider. Und es ist mein Wunsch, dass die Leute aus dem Konzert rausgehen und wirklich in der Zeit, in der sie da waren, zugehört haben und da was mitnehmen können für sich, was Leises, was Schönes, was vielleicht auch sehr Beruhigendes oder was sie mit sich selbst auch versöhnt ein Stück weit.

Sarah Straub: Also da ich in meinem zweiten Beruf viel mit Menschen zu tun habe, die schwere Päckchen zu tragen haben, die akut große Krise erleben und denen es psychisch schlecht geht, ist für mich eigentlich mit meinen Liedern und auch mit den Konzerten immer so meine Prämisse, ich schaue den Einzelnen an und sage, ich will, dass es dir heute Abend gut geht. Und ja, für mich geht es vor allem darum, dass die Leute ihren Alltag mal vergessen können und sich umarmen lassen können von der Musik und von der Stimmung und sich wegtragen lassen können von einer Welt, die halt auch schwer ist, und dass die Leute glücklich nach Hause gehen.«

Fany Kammerlander: Also auf jeden Fall das Wichtigste für mich, wenn ich auf der Bühne sitze und Musik mache, ist, die Menschen wieder mit ihren Gefühlen in Verbindung zu bringen. Und – ich glaube – das kann nichts so gut wie die Musik oder die Kultur, die Kunst überhaupt als Form …

Konstantin Wecker: Mensch sein.

Fany Kammerlander: Menschen, mit dem Menschsein, mit ihren Gefühlen wieder in Verbindung zu bringen, von wo sie auch herkommen, aus welchem Level des Daseins sie sind, das ist diese kollektive Sehnsucht, von der du gesprochen hast, dass sie die wieder spüren und sich dabei selber spüren und etwas erleben, was in dieser komplett konsum-materialistischen und machtgeilen Welt einfach abhandenkommt. Und das sehe ich als meinen Auftrag als Musikerin, ob ich dafür Geld kriege oder nicht – das ist wirklich immer schon so ein ganz tiefes Gefühl gewesen.

Ich hätte ohne Poesie und Musik und ohne Kultur nie dazu gefunden, dass wir eigentlich alle eins sind, untrennbar eins sind. Es gibt keine Besseren und Schlechteren zuerst mal. Es gibt Riesenarschlöcher – braucht man nicht drüber reden. Aber das ist nicht eine Wertigkeit des Menschseins, sondern wir sind alle eins, wir gehören mit allen zusammen. Mit jeder Pflanze sind wir eins, wir sind auch nicht besser als die Tiere. Im Gegenteil, manchmal sind wir doch mit unserem Verstand, und wenn wir ihn missbrauchen, sehr viel unverschämter und sehr viel gnadenloser und unmenschlicher, als Tiere und Pflanzen es sein können.

Ich habe immer gemerkt, dass in meinen Konzerten viele seitlich Umgeknickte sind. Und man genau denen auch Mut machen kann. Der Ausdruck ist übrigens nicht von mir, sondern von meinem geliebten Lehrmeister Hanns Dieter Hüsch. »Ich singe für die Verrückten, die seitlich Umgeknickten«, hat er immer geschrieben. Und seitdem verwende ich diesen Begriff der »seitlich Umgeknickten« immer.

Und wir sollten als KünstlerInnen nie vergessen, dass zu den vielen Mosaiksteinchen, die die Welt stetig verändern und verbessern, natürlich nicht nur Künstlerinnen und Künstler gehören, sondern diese unzähligen, völlig Unbekannten. Um nur ein Beispiel zu nennen: all die unzähligen Menschen, die in der Hilfe und Unterstützung für Geflüchtete tätig sind. Es gibt so wunderbare Menschen, da kommen mir einfach die Tränen, die ihr ganzes Leben dem weihen, um dort zu helfen, und von denen spricht eigentlich nie jemand. Aber ich glaube, auch die können wir mit unserer Musik unterstützen.

Eine von diesen wunderbaren Menschen ist Theresa. Ihr habt sie schon kennengelernt. Sie hat von Anfang an bei unserer Initiative break isolation mitgemacht. Dreimal war sie danach in diesem Jahr auf Lesbos, um Menschen im Lager Moria zu unterstützen. Sie ist eine großartige Mosaik-Erbauerin, und es freut mich unendlich, dass ihr meine Lieder und Gedichte in ihrer Arbeit ein wenig helfen können. Als Theresa von unserem Buchprojekt erfahren hat, hat sie Michael Backmund diese Zeilen geschickt:

Reichen meine Worte nicht mehr aus, den Menschen, denen das Leben eine »klanglose Tönung, statt klangvollen Tönen« ist, Mut zuzusprechen, bringen für einen Augenblick Gedichtzeilen wie diese von Konstantin die Töne klangvoll tief in die Herzen zurück – als gäbe es diese enormen Sprachbarrieren nicht – retten, befreien und trösten die Geflüchteten für Momente von ihrem unsäglichen Leid. Die Gedichte lassen sich außerhalb der deutschen Sprache in der mäßig guten Google-Übersetzung, den zaghaften Englischkenntnissen vollkommen verstehen, beflügeln und ermutigen mich immer wieder aufs Neue. Ich bin unendlich dankbar, die Gedichte und Texte von Konstantin kennen zu dürfen, denn sie sind mir äußerst kostbare Begleiter meiner Arbeit für und mit den Geflüchteten. Sie kleiden Gefühle, die in uns allen beheimatet sind, in Worte, die keine Sprache brauchen, um sie im Herzen zu verstehen, und führen die Flüchtlinge und mich, die wir aus so verschiedenen Realitäten stammen, im Herzen ermutigend in der Wirklichkeit der Menschen miteinander zusammen.

Theresas Erzählungen von ihren Reisen in die »Hölle« der Lager an den EU-Außengrenzen sind Dokumente der Menschlichkeit, die trotz all der Verzweiflung, Ausweglosigkeit und grausamen Unmenschlichkeit der offiziellen EU-Politik, Hoffnung geben. Weil es ums Tun geht. Miteinander und füreinander. Michael Backmund hatte sie um einen kurzen Auszug aus ihrem uns beide so berührenden und zugleich so klugen Bericht über ihren Besuch vom 6. bis 16. Juli 2020 in Moria auf Lesbos kurz vor dem verheerenden Brand gebeten:

Moria, das größte europäische Flüchtlingslager. Ein Ort, an dem beim Ankommen so vieles zu Ende zu gehen scheint und an dem doch so vieles weiter besteht: der Krieg oder die Verfolgung in der Heimat, die lebensgefährliche Flucht, aber auch Hoffnung und Illusionen auf ein schöneres, besseres Leben in Sicherheit in Europa. Ein Ort, der einem das Blut in den Adern nicht nur stocken, sondern regelrecht gefrieren lässt, und auch ein Ort, der jeglichem scheinbar emotional Konträren ein Gesicht im voneinander Untrennbaren verleiht, es nach außen Gestalt werden lässt. Man könnte über dieses Flüchtlingscamp unendlich viel berichten, sich währenddessen aber immer im Zustand des absoluten Nichtwissens befindend, denn die Tragödien, die sich dort abspielen, auf denen dieses Lager im Verbrechen an Menschenleben errichtet wurde, haben weder Anfang noch ein Ende und erschüttern zutiefst das Bild eines solidarischen Europas, das in steter Bemühung von den Verantwortlichen weiter in den Köpfen unserer Gesellschaft bunt ausgemalt werden soll.

Kinder, vollkommen unschuldig und die größte Chance unserer Zukunft, werden in zukünftige Chancenlosigkeit gedrängt –

in den blutbefleckten europäischen Händen liegend wie das Leben meiner kleinen Freundin, der zehnjährigen Ghazel, die mit ihren Eltern und vier kleinen Geschwistern fünf Mal versuchte, die türkische Grenze zu passieren, bevor es ihnen unbemerkt gelang. Zuvor aber wurde der Vater von türkischen Polizisten ausgepeitscht, der Mutter wurden die Zähne ausgeschlagen. Nun aber ist sie in diesem Flüchtlingslager eingesperrt, jeglicher Zugang zu sämtlicher Art von Bildung wird ihr verwehrt. Stattdessen muss sie sich um die Familie kümmern, Wäsche waschen, ihre kleinen Geschwister versorgen – ihre Mutter schwanger und an unbehandelter Epilepsie leidend, ihr Vater schwersttraumatisiert. Sie ist ihren Geschwistern eine herzergreifend wunderbare Schwester, ja Beschützerin. Dieses selbst noch so kleine Mädchen jedoch darf all diese behütende Liebe, die sie bedingungslos Schutzbedürftigeren schenkt, in ihrem noch so jungen Leben nicht erfahren, obwohl sie dies selbst auch so sehr bräuchte. Ghazel hat in ihrem kurzen Leben leidvoll lernen müssen, auf sich selbst allein gestellt zu sein und nur sich selbst helfen zu können, auch in einer Situation, in der sie dringend medizinische Behandlung benötigt hätte. Sie kam mit schmerzverzerrtem Gesicht zu mir, vertraute sich mir an und zeigte mir ihren schwarz verfärbten, hoch entzündeten Zahn. (…) Am nächsten Tag kam sie mir freudestrahlend entgegengelaufen, erzählte stolz, dass sie ihr Problem eigenhändig lösen konnte und zeigte mir ihre Zahnlücke. Der Zahn war verschwunden. Ghazel hatte sich ihren Zahn selbst gezogen, einen weiteren gleich mit, da dieser auch zu schmerzen begann. Wie verzweifelt muss dieses Kind gewesen sein, das dachte, ihr Zahnproblem und die damit einhergehenden Schmerzen auf diesem Weg bestens gelöst haben zu können? Diese Augen, so unglaublich schön, so tief, so welterfahren, so wissend und gleichzeitig diese unendlich schwere Last voller Wucht niederdrückend auf den zarten Schultern des Mädchens liegend. Wird diese empfindliche, schutzbedürftige Kinderseele an oder trotz diesem unsäglichen Leid wachsen können oder wie ein zierlicher Schmetterlingsflügel an den grausam starken Berührungen zerbrechen? Darf dieses liebenswürdige Mädchen, das selbstlos für Schwächere da ist, je erfahren, dass auch sie einmal schwach sein darf, sie sanft liebende Hände durchs Leben tragen werden und dürfen ihre großen braunen Kulleraugen je das Licht am Ende dieses bisherigen Weges erblicken?

Zu ihrer Motivation und zur Bedeutung ihres Handelns schrieb Theresa an Michael Backmund:

Schon bevor ich die Gedichte und Lieder von Konstantin kennenlernte, schlug mein Herz beruflich und auch privat für die Menschen, die gesellschaftlich vergessen und ausgegrenzt werden. So auch 2015 für die bei uns ankommenden Flüchtlinge. Zwei Jahre später durfte ich dann per Zufall ein Konzert des mir bis dahin völlig unbekannten Künstlers erleben und war nicht nur von seinen Texten restlos überwältigt. Diese bedingungslose Liebe zu allen Menschen, zu allem, was lebt, die augenblicklich eindringlich spürbar auf jeden überspringt in einer scheinbar unendlichen Kraft und Überzeugung des Herzens, prägt mich bis heute, und in düsteren, aussichtslosen Momenten in den Lagern bei den Geflüchteten, die diesem bewusst zermürbenden System schutzlos ausgeliefert sind, und auch in Situationen, in denen diese Strukturen auch mir im Kampf für die Flüchtlinge große Steine in den Weg legen, sind mir Zeilen wie »wir sind nicht zu trennen, woher wir auch stammen, wir sind eins und zusammen«, »Liebe lässt sich nicht beugen. Sie ist ein Zustand. Der Heimathafen«, »nichts ist erklärbar. Nur im Unsichtbaren lernen wir zu sehen«, »und alles wird ohne Gestalt erst vielgestalt.« Ein wertvolles Geschenk, ein Anker.

Diese Zeilen einer mutigen erst 23 Jahre jungen Frau haben mich unendlich gefreut. Es sind Momente des Hoffens, dass diese Welt noch nicht verloren ist, solange es solche Beispiele von Menschlichkeit gibt, die eine eigene Position und Haltung kennt, aber keinen Egoismus braucht.

Kultur des Streitens

Es ist kein schönes Gefühl, wenn dich Fans plötzlich als »Verräter« beschimpfen oder einfach »sterben lassen«. Ohne Vorwarnung, ohne Vorankündigung, ohne Nachfragen, ohne Möglichkeit zur Diskussion oder zur Verteidigung. Antworten und Kommunikation werden von der Mehrheit der AbsenderInnen dieser oft wütenden und hasserfüllten E-Mails oder Briefe, die mich in den letzten Monaten erreicht haben, auch gar nicht erwartet oder erwünscht. Sie haben ihr Urteil bereits gesprochen: »Bist für mi gstorbn«, lässt mich zum Beispiel ein Allgemeinarzt aus Frankfurt am Main wissen. Aber damit nicht genug. So wirklich in Frieden ruhen lassen, will er mich dann auch wieder nicht: »Du wirst dich eines Tages erklären müssen. Du bist Herrschaftsmegaphon geworden«, lautet seine Anklageschrift für ein zukünftiges, zumindest im Geiste bereits ersehntes Tribunal. Wann und von wem es geplant wird, erfahre ich nicht. Auch nicht, warum er mich ausgerechnet dafür wieder von den Toten auferstehen lassen will, wenn er ohnehin bereits die Höchststrafe verhängt hat. Seinen stichhaltigen Beweis liefert der Arzt jedoch gleich mit: »Wenn ich sehe, dass du Partner vom BR bist, wird mir alles klar. Wecker kämpft an Söders Seite, wer hätte das gedacht …«

Kurz habe ich mir noch überlegt, ob ich ihm höflich empfehle, sich doch vielleicht erst einmal in Ruhe meinen *Willy 2020* oder die Pressekonferenz zu unserer Initiative break isolation anzuhören. Oder einfach darüber nachzudenken, dass der solidarische Schutz von besonders gefährdeten Menschen und die Verteidigung unserer Grundrechte zusammengehören sollten. Aber ich nehme davon Abstand. Ich bin ja bereits für ihn »gstorbn«. Da finde ich lieber selbst den gefährlichen Weg zurück zu den Lebenden aus dem Hades heraus.

Mehrfach muss ich mir den Vorwurf anhören, dass ich mir – von wem auch immer, wahlweise der Regierung, dem Mainstream oder dem Geld – einen »Maulkorb« habe verpassen lassen, dass ich nicht mehr rebellisch sei und den Herrschenden das Wort rede für meinen eigenen Vorteil. Dazu will ich klar und deutlich sagen, dass ich mir noch nie habe einen Maulkorb verpassen lassen, sondern mir und meiner Haltung, stets kritisch hinter die Schlagzeilen zu schauen, immer treu bleibe. Dies ist übrigens in der aktuellen Situation auch daran zu erkennen, dass ich den vielen, teils auch vehementen Anfeindungen ehemaliger Fans, die die Seiten gewechselt haben, standhalte, dabei konsequent bei meiner Haltung bleibe und weiterhin sage, schreibe und singe, was ich denke. Und zwar auch dann, wenn es einigen Fans nicht passen mag, wenn sie mich dafür nachhaltig diskreditieren wollen und mich aus ihrer Welt verstoßen und meine Musik »entsorgen«.

Gerade in meinem künstlerischem Tun will ich zeigen, dass ich mir von keiner Seite einen Maulkorb verpassen lasse. Von nichts und niemandem. Das bedeutet eben auch: Ich habe und werde nicht einmal meinen Fans, für die ich unendlich dankbar bin, nach dem Mund bzw. Maul reden. Und meine wirklichen Fans danken mir genau das. Sie kennen mein Lied *Ich singe, weil ich ein Lied habe* und seinen tieferen Sinn, die Notwendigkeit der Autonomie von Kunst, ja von Poesie und Widerstand gerade in stürmischen Zeiten. Dort habe ich 1975 geschrieben:

Ich singe, weil ich ein Lied hab,
nicht, weil es euch gefällt.
Ich singe, weil ich ein Lied hab,
nicht, weil ihr's bei mir bestellt.

Ich singe, weil ich ein Lied hab,
nicht weil ihr mich dafür entlohnt.
Ich singe, weil ich ein Lied hab,
und keiner, keiner, keiner wird von mir geschont.
Ich singe, weil ich ein Lied hab.

Interessant dabei ist, dass diejenigen, denen ich jetzt nicht gefallen kann, völlig ignorieren, dass meine Lieder am wenigsten den Herren Söder, Seehofer, Orban, Erdoğan oder Trump gefallen können. An dieser Stelle will ich bereits kurz verraten, dass ich zu meinem großen Glück nicht einsam geworden bin: Über die Monate hinweg hat sich gezeigt, dass es erfreulicher Weise nur ein verschwindend geringer Teil meiner Fans ist, die sich in diesen stürmischen Zeiten aus den verschiedensten Gründen so unendlich verirrt haben, wenn auch es natürlich leider viel zu viele sind. Ich habe zum Glück unendlich mehr tolle Fans und habe sogar sehr viele neue gewonnen, die mich in diesen stürmischen Zeiten auf unseren digitalen Konzerten und Initiativen überhaupt erst gefunden und kennengelernt haben. Dafür bin ich sehr dankbar.

Natürlich haben mich diese vorwurfsvollen und oft hasserfüllten Briefe und E-Mails begleitet, sie haben mich verletzt, mir wehgetan und mich immer wieder beschäftigt. Sie haben mir eine große Portion Kraft und Reflexion abverlangt, aber auch Klarheiten und Erkenntnisse verschafft. »Leider habe ich sehr viele CDs und Bücher von Ihnen, aber die stimmen nicht mehr (oder aber sie haben noch nie gestimmt) und somit werde ich sie entsorgen!«, schreibt jemand voller Hass. Klingt nicht gut. Sein Grund für diesen Entsorgungsakt: »Ich fühle mich verraten!« Durch was? Weil ich weiterhin offen ausspreche, für was ich mich seit Jahrzehnten einsetze? Viele haben mir mein Statement vom 11. September »NEIN zu Faschismus und Krieg – JA für menschliche und solidarische Alternativen« sehr übel genommen. Insbesondere meine Aussage, dass ich niemals mit Faschisten und Rassisten gemeinsame Sache machen werde. Jede Verharmlosung, jedes Akzeptieren rechter Gesinnung und rechter Querfrontstrategen ist inakzeptabel und eine Verleugnung unserer Verantwortung. Und deshalb will ich noch einige dieser digitalen und analogen Schreiben an mich teilen bzw. meine Gedanken und Gefühle dazu.

Auffällig sind die vielen stereotypen Formulierungen und Vorwürfe in den Schreiben, die mich erreichten: »Ich vermisse dein Engagement zur Beendigung dieser Fake Pandemie – wo bist du? Wo seid ihr? Udo Lindenberg – na ja. Der Maulkorb?« Wie viel Ignoranz kann sich dieser Therapeut aus einer »Praxis für Osteopathie, Sexual- und Paartherapie« mitten in München erlauben? Was für ein Privileg, den Schmerz der Angehörigen und das Leiden der Sterbenden als Fake abzutun. Zum Beispiel der über 40 BusfahrerInnen allein in London, die bereits in der ersten Welle gestorben sind, weil ein ignoranter Premierminister Boris Johnson Corona nicht ernst genommen hatte. Die Hunderttausenden Toten in den USA und Brasilien, die nicht sterben hätten müssen, wenn die Herren Trump und Bolsonaro Corona nicht wahlweise für Fake oder für harmlos erklärt hätten. Zumindest erfahre ich so, welche Praxen in München mensch besser nicht aufsuchen sollte.

Nahezu alle E-Mail- und Briefe-SchreiberInnen ignorieren bzw. blenden (bewusst) vollständig aus, dass es sich bei einer Pandemie um eine neue, sich weltweit stark ausbreitende Infektionskrankheit handelt, die an nationalen Grenzen keinen Halt macht. Widersprüche darf es nicht geben. Mitgefühl und Solidarität? Fehlanzeige. Die einen wollen einfach keine »Einschränkungen«, andere streiten die Existenz der Pandemie gleich ganz ab: Beide haben das Privileg, dies in einem Land zu tun mit einem trotz aller neoliberalen Irrwege noch halbwegs leistungsfähigen Gesundheitssystem. Kein Gedanke an die Menschen in jenen Ländern, die durch die deutsche Wirtschaftspolitik der letzten 20 Jahre und in Folge aufgezwungener Sparmaßnahmen völlig kaputt gesparte Gesundheits- und Sozialsysteme haben.

Und bei vielen, die mich verurteilen, darf einfach nicht sein, was ins eigene Selbstbild nicht passen darf: »Noch nie habe ich auf den Demos oder in den Livestreamübertragungen aus anderen Städten rechtes Gedankengut vernommen.« Das zu betonen ist Gaby wichtig, die sich als »treuer Fan« vorstellt. Inge schreibt: »Mittlerweile war ich auf vielen Demos und konnte wahrhaftig keine Rechtslastigkeit feststellen.« Ob sie es wirklich glauben oder es einfach dreist behaupten, ich werde es vermutlich nicht erfahren. Doch nicht alle können die Wirklichkeit bereits so vollständig ausblenden wie Gaby und Inge. Sie relativieren, entschulden und verharmlosen lieber: »Mag sein, dass ein paar Neonazis dabei waren, verhindern lässt sich das nicht.« Warum eigentlich nicht? Dazu gibt es in der Regel keine Antworten und Begründungen. Wenig überzeugend für einen wie mich, der in den letzten Jahrzehnten mit vielen anderen in diesem Land immer wieder aufs Neue auf der Straße uns engagiert haben und engagieren, dass Nazis und Rassisten nie wieder marschieren dürfen!

Am 17. November schreibt mir erneut ein Arzt. Dem Briefkopf entnehme ich, dass es sich um einen »Facharzt für Anästhesiologie und Intensivmedizin«, einen »Leitenden Notarzt« handelt, der auch den Begriff »Impfmedizin« im Briefkopf trägt. Zu Covid-19 hat er eine klare Analyse: »Über die Idee, dieser Erreger wäre besonders gefährlich, kann ich als Intensivmediziner und Infektiologe nur den Kopf schütteln«, schreibt er. Okay, denke ich mir, er hat ja gerade von seiner Begegnung mit Ebola gesprochen, aber als Arzt müsste er doch wissen, dass die Brisanz von Sars-CoV-2 darin besteht, dass sich dieses Virus rasant zu einer globalen Pandemie ausgebreitet hat und daher nicht zu vergleichen ist mit Ebola, dessen Ausbreitung bisher regional geblieben ist. Trotzdem lese ich weiter, was der Arzt mir eigentlich sagen will: »Statistisch ist es gefährlicher im Haushalt eine Leiter zu besteigen oder eine Treppe zu gehen, an häuslichen Unfällen versterben mehr Menschen als an Corona, wollen wir jetzt Leitern verbieten?«, fragt der Mediziner. Mal abgesehen von der Struktur und Logik seiner Vergleiche, stimmt die Behauptung weder für Deutschland und schon gar nicht für die gesamte Menschheit. Einfach mal Fakten recherchieren wäre auch denkbar gewesen.

Doch sein Ärger darüber, dass ich nicht mit ihm auf den »Demonstrationen gegen die Corona-Maßnahmen« in Berlin, Leipzig oder Dortmund war, die er übrigens als »Fest für Frieden, Freiheit und Demokratie« erlebt habe, ist so groß wie sein Zynismus, wenn er spottet: »Und setzen uns lieber eine völlig sinnlose Maske auf.« Dafür betont er: An einem ganzen Tag in Berlin seien »nur genau vier Personen gewesen, die ich eindeutig der rechten Szene zuordnen konnte«. Doch nach seinem Verständnis von Demokratie »darf jeder Mensch an einer Demonstration teilnehmen, auch ein Nazi«, weil man Meinungen nicht verbieten dürfe. Dabei gehört er noch zu jenen, die mich zwar verdammen, aber eigentlich davon überzeugen und mich für die »gemeinsame Sache« der Querdenker gewinnen wollen.

Unendlich viele Wahrheiten und Links zu Texten von angeblich unabhängigen Experten erreichen mich. »Ärzte für Aufklärung« oder »Ärzte für Freiheit« werden mir als Lektüre empfohlen. Meist führt bereits der Vorspann zu den Artikeln zu verstärktem Würgereiz.

Noch weitere Ratschläge erreichten mich persönlich, ob von ehemaligen Fans erschließt sich nicht aus den Schreiben: Ich solle mich nicht von »linken Gesinnungsgenossen« beeinflussen lassen. Andere nutzen die Gelegenheit, mir zu sagen, dass mein Engagement für Geflüchtete nun endlich mal ein Ende haben sollte. Und überhaupt gehe es jetzt nicht mehr um links oder rechts, sondern um »unsere Werte, unsere Demokratie«. Andere werden da schon deutlicher: »Transformationsprozesse erfordern Mut und neues Denken, und das ist nicht links, nicht rechts, nicht rot, nicht grün etc.«, schreibt mir Gerlinde und fügt hinzu: »Sie haben mich sehr enttäuscht.«

Häufig ist der Ton sehr aggressiv, maximal verletzend, voller Hass und Rache. Doch Rache wofür? Weil ich nicht tue, was die Schreiber von mir erwarten. Bestrafung für was? Dafür, dass ich einfach nicht sage und mache, was die jeweilige Person von mir verlangt.

Einige bringen noch ihre (frühere) Anerkennung zum Ausdruck: »Flügel spielen können Sie ja.« Doch je größer die Enttäuschung, je heftiger die persönliche Kränkung erlebt wird, desto stärker die Ablehnung. Das Verhalten erinnert an frühkindliche Beziehungsstörungen. Teilweise an ausgebildete narzisstische Persönlichkeitsstörungen mit Tendenz zu Verfolgungs- und Größenwahn. Allwissenheit, manische Selbstüberzeugung, Vorwurf und Lüge sind hier gängige Muster.

Eine Erkenntnis bleibt: Ich kann und will es diesen verlorenen Fans nicht recht machen. Für manche habe ich zumindest noch Hoffnung. So manche Botschaft entbehrt aber auch nicht einer gewissen Komik. Ein Hörer aus Nordbayern schreibt mir: »(…) kämpfen Sie bitte im Bundestagswahlkampf 2021 für ein gutes Ergebnis der CDU/CSU, statt weiter in Ihren Liedern ständig Seehofer und Söder gering zu schätzen!« Diesen Wunsch des engagierten CSU-Anhängers kann und werde ich nicht erfüllen. Ein Missverständnis oder nur dreist.

Es gibt aber auch sehr viele gute Nachrichten: Unser YouTube-Kanal Weckerswelt, auf dem all unsere gestreamten Konzerte bis heute kostenlos zum Download zu finden sind, erfreut sich immer größerer Beliebtheit. Die Zahl der Abonnenten steigt seit Anfang des Jahres 2020 stetig kräftig an, zunächst über 10.000 AbonnentInnen, Anfang Mai 2021 sind es bereits 18.000 geworden. Unsere digitalen kostenlosen Konzerte und Musikvideos haben mittlerweile rund 500.000 Menschen gesehen und gehört. Und auch bei Spotify konnte ich mit über 111.000 monatlichen HörerInnen einen neuen Höchststand erreichen. Das gibt mir Hoffnung. Ganz persönlich, aber es zeigt auch, dass es offensichtlich viel mehr Menschen gibt, die ähnlich wie ich in Kategorien von Solidarität und sozialer Gerechtigkeit denken und auch nachhaltig, wie sich schon zu Beginn der Pandemie gezeigt hat, die Schwarmintelligenz sehr vieler Menschen sich von rechten Demagogen, aber auch von neoliberalen PolitikerInnen nicht beeindrucken lässt.

Und die vielen lieben Briefe und E-Mails geben mir noch mehr Hoffnung: »Leider wird dein Konzert im Dezember in Stuttgart um ein Jahr verschoben. Aber ich freue mich schon heute sehr darauf«, Oder: »Sooooo gerne hätten wir beide in rund zehn Tagen den Abend mit dir im Bierhübeli in Bern verbracht – freuen uns jetzt aber ganz einfach bereits auf die nächste Gelegenheit! Auch Vorfreude gibt Energie!«

Übrigens hat mich Vera von den »Omas gegen Rechts« aus Berlin schwer überzeugt. Leider hatte sie bei Ute weniger Erfolg, der sie eine kluge Antwort auf deren Frage kurz vor der Berliner Demo am 29. August, geschickt hatte: »… wie verhindert werden kann, dass diese Demo von Höcke usw. für deren Zwecke benutzt werden kann«. Die kollektive Antwort der Omas gegen Rechts lautete: »Indem man die Präsenz von den Rechten auf dieser Demo nicht toleriert!« Dies mache Querdenken aber, und zum Beweis zitieren die Omas gegen Rechts deren gefährliche Querfrontstrategie: »Wir schließen keinen aus. Wenn wir etwas Großes bewegen möchten, müssen wir mit allen in Diskurs gehen. Wenn das nicht gemacht wird, fallen wir in alte Muster zurück und begeben uns genau dahin, das wir nicht haben möchten. Nämlich Spaltung der Gesellschaftsgruppen.« Wenn ich in Deutschland schon von etwas »Großem« lese. Der Rat der Omas war kurz und knapp: »Daher ist es politisch sehr unklug, mit Ihnen zusammen zu demonstrieren und ihnen Raum zu geben.« Ute ist leider trotzdem hingegangen. Die Omas auch, aber zu den Gegenprotesten: Und haben mit Transparenten gegen rechts demonstriert.

Ute ist nicht die Einzige, die sich verlaufen hat in diesen wirren Zeiten. Aus einigen E-Mails und Briefen, die ich erhalten habe, und die

Corona schlichtweg leugnen und als Fake-News bezeichnen, Maßnahmen zum eigenen und dem Schutz anderer als völlig übertrieben
bezeichnen oder sich gar in ihrer freien Entfaltung eingeschränkt
fühlen, lese ich verschiedene Muster des kulturellen Umgangs mit
der Pandemie heraus: eine Unfähigkeit, sich mit einer höchst wi-
dersprüchlichen und belastenden Situation und der daraus resultie-
renden Gefahren und Bedrohungen offen, ganzheitlich und unauf-
geregt auseinandersetzen zu können. Und selbstverständlich dabei
auch frei über Ängste, Sorgen und Nöte sprechen zu können und
zu dürfen. Einige fühlen sich schlicht in ihrem Leben gestört, beläs-
tigt, und sie sehnen sich nach Normalität. Bei anderen scheint die
eigene Angst und Panik so groß zu sein, dass sie verdrängt werden
muss, umgeleitet und verwandelt in eine »höhere, souveräne« Missi-
on, die bis zur paranoiden Abwehr der Realität reichen kann. Häufig
auch durch eine massive Abspaltung und Verdrehung von Fakten,
Kausalitäten und Widersprüchen. Gemeinsam ist diesen Verhaltens-
mustern letztlich eine geradezu aggressive Verteidigung der eigenen
Privilegien, gepaart mit einem narzistischen Größenwahn, dessen
selbstgerechte Selbstgefälligkeit und Dummheit mir am schwersten
zu ertragen fällt. Aber das kennen wir ja von Trump und Erdoğan.
Vielleicht liegen auch in diesen Mustern eine tiefere Faszination und
Attraktivität dieser Männer für ihre AnhängerInnen.

Auch meine Künstlerkollegin Tamara Banez hat den schmerzhaften Prozess der Trennung und des Verlustes einer Freundin in den
letzten Monaten erlebt und in ihrem Lied *Entfreunde Dich* thematisiert
und künstlerisch verarbeitet: »Ich sehe gerade die Gefahr und habe
es selbst erlebt, dass Menschen, die Corona – nicht wie ich – für eine
heimtückische Krankheit ernst nehmen (wollen und können), leicht
die Tür nach rechts aufmachen. Und dabei geht es letztlich nicht um
Meinungen über den Sinn und Unsinn von Maßnahmen, sondern
wirklich darum, dass rechte Demagogen die Gunst der Stunde nutzen und Menschen einheimsen«, erzählte mir Tamara. Einige Brie-

fe und Erzählungen, die ich erhalten habe, gleichen in einem Punkt der Meinung von Tamaras Freundin: Sie betonen, »eigentlich« von ihrer Grundeinstellung gar nicht rechts zu sein, streiten es vehement ab, wenn man sie auf ihre neuen weit nach rechts offenen Gedanken anspricht. Doch ihre Argumente und Inhalte, die sie plötzlich teilen, stammen original von Identitären oder von Sympathisanten der identitären völkischen Bewegung. Und genau darin liegt die Gefahr der Mythenbildung, besonders auch an den aktuellen Mythenbildungen und an den vielen Verschwörungstheorien. Gut nachzulesen in der *Massenpsychologie des Faschismus* von Wilhelm Reich, die 1931 erschienen ist. Die Faschisten brauchen Mythen und müssen sich Mythen schaffen, weil, einen Mythos kannst du rational nicht widerlegen.

Tamara hat ihren Song übrigens bei unserem Stream mit vielen KünstlerInnen meines Labels Sturm & Klang erstmals präsentiert – und es hat etwas bewirkt: »Daraufhin hat mich diese Freundin kontaktiert und gemeint, dass sie sich da schon angesprochen gefühlt hat. Ich finde, sie hat ziemlich nette Worte dafür gewählt, dafür, dass der Song schon sehr deutlich war und auch mein Ärger sehr deutlich war in dem Song. Daraufhin habe ich sie angerufen und wir haben uns wieder angenähert, ja. Und ich konnte ein paar Dinge deutlich machen von dem, was ich auch davor versucht hatte, aber nach dem Hören dieses Songs war die Person einfach offener.« Auch wenn man in der Situation einfach Frust hat und sich ärgert, aber der Dialog am Ende ist wirklich eine ganz, ganz wichtige Sache.

Grenzen des Dialogs

Doch es gibt leider auch Grenzen des Dialogs. Zum Beispiel, wenn der Respekt fehlt und das Verhalten des Gegenüber einen zu beschädigen droht. Und so musste ich mich in den letzten Monaten auch trennen. Am 28. August 2020 veröffentlichte ich folgenden Text zum Ende meines Projekts »Hinter den Schlagzeilen« mit dem Titel *Blick nach vorne in stürmischen Zeiten*:

Liebe Freundinnen, liebe Freunde,
kurz vor dem zweiten Irakkrieg nahmen die üblichen Kriegslügen und die Propaganda für den Krieg in einem so erschreckenden Ausmaß zu, dass es – nicht nur für Pazifisten – dringend notwendig wurde, sich über das übliche Informationsangebot hinaus zu informieren.

Meine Frau Annik recherchierte täglich im Netz und in vielen Zeitungen, wir versuchten an Hintergrundwissen heranzukommen, sprachen mit KollegInnen, JournalistInnen und WissenschaftlerInnen, und irgendwann wurden die in den Schlagzeilen verbreiteten Meinungen und Lügen so unerträglich, dass wir beschlossen, unser angesammeltes Wissen auch unseren Freunden, meinem Publikum zukommen zu lassen.

Wir gründeten *Hinter den Schlagzeilen*.

Und wir nannten es so, weil wir auch damals nicht der Meinung waren, dass alles, was in den Zeitungen, im Fernsehen oder anderen Medien veröffentlicht wurde, falsch, gelogen oder manipuliert sei, sondern weil man in vielen Zeitungen eben sehr genau hinter die Schlagzeilen lesen musste, um etwas anderes zu erfahren als das übliche Kriegsgeknatter. Es ging uns um harte Fakten, gut recherchierte Hintergrundberichte und kluge, kritische Reflexionen statt ideologischer Meinungs- und Propagandaproduktion in welchem Interesse auch immer. Oft waren zum Beispiel die besten Beiträge kluger JournalistInnen im Feuilleton versteckt. Das heißt, es gab durchaus andere veröffentlichte Meinungen und mutige Stellungnahmen – nur: Man musste sie eben finden!

Annik hatte sich mit ungeheurem Eifer in dieses Projekt gestürzt, wofür ich ihr auch heute noch sehr dankbar bin.

Vom 5. bis zum 13. Januar 2003 war ich dann selbst mit Henning Zierock und Heike Hänsel und Freunden der Kultur des Friedens in Bagdad – wenige Wochen, bevor die Bomber flogen. Darüber habe ich ja auch ausführlich berichtet, u. a. in meinem täglichen Tagebuch aus Bagdad in der Münchner Abendzeitung.

Wir haben »HdS«, wie wir es dann unter uns nannten, zu einem wirklichen Herzensprojekt erkoren und erleben dürfen, wie viel kluge und aufrechte JournalistInnen es gibt, die mutig weiterrecherchieren und schreiben, auch wenn ihnen nicht immer die große Bühne geboten wird. Da hat sich bis heute nichts dran geändert: Wir müssen hinter die Schlagzeilen schauen. Ganz besonders in Zeiten von Covid-19.

Von Anfang an habe ich gemeinsam mit vielen Freundinnen und Freunden für eine globale und solidarische Bekämpfung der Pandemie und ihrer gesundheitlichen, menschlichen und sozialen Folgen gestritten. Wir haben die verantwortlichen PolitikerInnen offen kritisiert für ihre Versäumnisse und Fehler. Wir haben solidarische Konzepte gefordert. Und wir haben vor rechten Menschenfängern und der verantwortungslosen Leugnung von Fakten gewarnt. Denn in unserem Kampf gegen den Abbau von Grundrechten dürfen wir uns nie mit Rechten gemein machen, deren Ziel letztlich schon immer die vollständige Abschaffung aller Grund-, Menschen- und Freiheitsrechte war und ist. (…)

Mein Freund, Professor Dr. med Rolf Verres, ein Facharzt für Psychotherapeutische Medizin und ein großartiger Pianist, schrieb neulich:

Die Gesichtsmaske und die weiteren Hygienemaßnahmen werden in erster Linie als Maßnahmen von Abgrenzung verstanden. Ein körperlicher Abstand muss aber keineswegs eine seelische Nähe ausschließen. Wer wirklich verstanden hat, dass solche Maßnahmen nicht nur dem eigenen Schutz dienen, sondern ebenso dem Schutz der Anderen, hat die wichtigste Voraussetzung für solidarisches Handeln entdeckt. Zu den so verstandenen Kraftquellen gehört also nicht nur die Leistung, sondern auch der Verzicht, die Rücksichtnahme. Auch das kann die Gesichtsmaske symbolisieren: Ich muss nicht immer und überall mein Ego präsentieren, sondern ich kann auch unscheinbar, kaum erkennbar und bescheiden auftreten, vielleicht sogar etwas Demut empfinden, während ich mich in eine Warteschlange einreihe und mich an die neuerdings geforderten Vorsichtsregeln halte. Der Schutz des Lebens ist unbedingt wichtiger als der Wunsch des Einzelnen nach Ego-Trips und uneingeschränkter Freiheit.

Dem schließe ich mich uneingeschränkt an.

Und ich teile die Position meines Künstlerkollegen Christian Springer, der klargestellt hat in seinem Beitrag *Anleitung zur Corona-Demo* in Berlin: »Übrigens, ich bin auch gegen Corona. Ich kenne auch überhaupt gar keinen, der für Corona ist. Der Unterschied ist nur, ich renne deswegen nicht mit Faschisten mit.«

Wenn in Berlin Tausende ohne Masken und Abstand demonstrieren und das auch noch von den OrganisatorInnen in ihrer rechten Propaganda als freiheitliches und demokratisches Handeln gefeiert wird, muss man doch dringend das Demokratieverständnis dieser Leute hinterfragen.

Zuerst einmal heißt demokratisch fühlen und handeln nicht, andere aufgrund einer eigenen Überzeugung – wie gesichert sie einem auch scheinen mag – zu gefährden. Und es ist ganz sicher kein Zeichen von demokratischer Gesinnung, sich an krude Verschwörungstheorien zu klammern oder vor, mit oder hinter Reichskriegsflaggen und anderen rechten Fahnen und Parolen zu marschieren. Ich werde nie auf Demos mitlaufen, an denen Neonazis, Querfrontstrategen der Neuen Rechten, Antisemiten, Reichsbürger, braune Kameradschaften oder AfD-ler beteiligt sind. Und vor allem nicht auf Demos, die von selbsternannten Saubermännern organisiert sind, die sich gemein machen mit rechten und rassistischen Propagandisten der neuen und alten Rechten. Denen geht es doch weder um Grundrechte noch um Freiheit für alle Menschen.

»Faschismus ist keine Meinung, sondern ein Verbrechen«, wie mein Freund, der frühere Widerstandskämpfer und KZ-Überlebende Martin Löwenberg (12. Mai 1925 – 2. April 2018) stets betont hat.

Begeistert haben mich in den letzten Monaten nicht die braunen und verstrahlten Menschenfänger und selbsternannten Corona-Rebellen von Stuttgart über München bis Berlin. Dieser Name Corona-Rebellen hat mich übrigens von Anfang an irritiert: Denn mir blieb es ein Rätsel, wie sie gegen einen Virus ernsthaft und erfolgreich rebellieren wollen? Aber hier haben mir die Trumps, Johnsons, Erdoğans und Bolsonaros und ihre deutschen Karikaturen – übrigens fast ausschließlich narzisstische Männer – die Augen geöffnet: Narzisstische Persönlichkeiten und ihre Fanclubs haben ja bekanntermaßen Probleme, unerwünschte Realitäten anzuerkennen bzw. ihre interessensgeleitete Weltsicht kritisch zu hinterfragen.

Begeistert haben mich dagegen die weltweite Anti-Rassismus-Bewegung Black Lives Matter und die globale Klimabewegung, wie zum Beispiel von Fridays for Future. So viele blitzgescheite junge Menschen – das macht Mut. Wir dürfen das Feld nicht den Rechten überlassen.

Der kanadische Psychologe Steven Taylor schrieb übrigens schon ein paar Monate vor dem Corona-Ausbruch in Wuhang in seinem Buch *Die Pandemie als psychologische Herausforderung*: »Im Zuge einer kommenden Pandemie lässt sich davon ausgehen, dass verschiedene Verschwörungstheorien über Quelle oder Ursache und über mögliche Impfstoffe kursieren werden. Verschwörungstheorien sind im Allgemeinen Versuche, die Ursachen bedeutsamer Ereignisse durch die Behauptung zu erklären, dass sie auf geheime Pläne mächtiger Akteure zurückgehen (…). Mehr als ein Drittel der Amerikaner glaubt an die Verschwörungstheorie, dass der Klimawandel eine Täuschung sei, die durch Gruppen mit starken Eigeninteressen forciert und aufrechterhalten wird (…).«

Wir leben in Zeiten einer globalen Pandemie, die bereits bald einer Million Menschen weltweit das Leben gekostet hat (acht Monate später sind es laut offiziellen Daten bereits über drei Millionen, die Dunkelziffer dürfte wesentlich höher sein) und deren Folgen die ökologischen und sozialen Verwüstungen des Neoliberalismus und des Patriarchats noch weiter verschärfen wird. Im Kampf um eine gerechtere Welt gilt es deshalb heute, umso deutlicher zu sagen: »Nie wieder Faschismus, nie wieder Krieg!« Denn wir wollen menschliche und solidarische Alternativen aufbauen. Und die Gefahr ist groß: Die braunen Menschenfänger haben schon immer in Zeiten von Angst und sozialer Not falsche Versprechungen gemacht und zugleich Ausgrenzung, Rassismus und die Verfolgung von Andersdenkenden und Minderheiten forciert.

Nach 18 Jahren habe ich mich entschlossen, als verantwortlicher Chefredakteur mein Online-Magazin Hinter den Schlagzeilen zu beenden und Abschied zu nehmen von diesem Projekt. Ich wollte nicht mehr mit Autoren zusammenarbeiten, die auf anderen Plattformen in den letzten Monaten für mich inakzeptable Positionen u. a. bis hin zur Leugnung der Gefährlichkeit von Covid-19 und der Ablehnung von Schutzmasken etc. vertreten bzw. dort mit rechten Propagandisten zusammen schreiben.

Meinem Wunsch, in diesen verwirrenden Zeiten endlich wieder zur Besinnung zu kommen und diese Aktivitäten zu unterlassen, sind sie leider nicht nachgekommen. Somit war das Vertrauen für ein gemeinsames Projekt nicht mehr gegeben: Doch dieses Vertrauen hätte ich als Künstler gebraucht, da ich nicht die Zeit habe, mich täglich um alle Inhalte zu kümmern und zu prüfen, ob sie noch mit meinen Vorstellungen und Positionen zu vereinbaren sind.

Wir leben wie damals, als ich das Projekt HdS gegründet habe, erneut in sehr stürmischen Zeiten. Gerade jetzt will ich meinem Motto treu bleiben und weiterhin sehr genau hinter die Schlagzeilen lesen, suchen und schauen, und zwar in allen Medien, um etwas anderes zu erfahren und zu denken als das übliche Kriegsgeknatter oder die Propaganda.

Die Herren, die gegen meinen Willen den Namen HdS derzeit noch weiterverwenden, sollen, dürfen und können sich in keiner Weise mehr auf mich, meine Texte, Inhalte, Lieder oder Gedichte berufen. Sie haben vor vielen Monaten einen für mich politisch völlig inakzeptablen Weg beschritten und lassen sich trotz meiner Argumente, meiner Warnungen und meiner Kritik davon nicht abbringen. Ich hoffe, dass der Verein, der zuletzt formal HdS als Herausgeber betreut hat, so anständig ist, sich nach meinem Ausscheiden als Chefredakteur einen neuen Namen für sein neues Projekt zu suchen. Mein Projekt Hinter den Schlagzeilen« ist hiermit beendet.

Jetzt ist mein Blick nach vorne gerichtet: Für alle, die mich auf diesem Weg in stürmischen Zeiten begleiten wollen, werde ich in Zukunft wieder öfter auf https://wecker.de, facebook und auf meinem multimedialen Projekt Weckerswelt (u. a. auf YouTube) zu lesen und vor allem zu hören sein. Dort könnt ihr zum Beispiel unsere ersten drei Livestream-Konzerte *Poesie und Widerstand in stürmischen Zeiten* weiterhin kostenlos anschauen und hören.

Passt auf Euch auf und bis bald,
Euer Konstantin

Für mich war es ein notwendiger Abschied. Eine unvermeidliche Trennung. Die folgenden Zeilen, die in ihrer subtilen Monstrosität und ihrem Zynismus an Unerträglichkeit kaum zu überbieten sind, wurden mir ebenfalls als bedeutende Lektüre-Empfehlung zugeschickt. Sie wurden am 4. November 2020 unter der Überschrift »Ärzte für die Freiheit« auf der Webseite eines jener Online-Magazine veröffentlicht, auf denen zu publizieren ein früherer Kollege nicht verzichten wollte. Im Vorspann zu einem Text über den Teil-Lockdown stand dort wörtlich geschrieben: »Sein Volk wiederholt einzusperren, ist ein Verbrechen gegen die Menschlichkeit, das nicht einmal die Nazis begangen haben.«

Da fragt sich allerdings, wer damals in den KZs und Gestapokellern bereits ermordet, eingesperrt, gefoltert bzw. in die Vernichtungslager deportiert worden war? Denn die überwiegende Mehrheit dieses »angerufenen« Volkes, die vielen Millionen TäterInnen und MitläuferInnen, hätten überhaupt nicht eingesperrt werden müssen, weil sie ganz aus freien Stücken und freiwillig Teil der faschistischen Volksgemeinschaft und deutschen Mordmaschine geworden sind, die den Vernichtungskrieg geführt und die KZs bis zu ihrer Befreiung am Laufen gehalten haben. Ich möchte nicht wissen, wer für diese »Ärzte für die Freiheit« heute zu ihrem »Volk« gehört oder ob sie sich schon wieder eine deutsche Volksgemeinschaft als angebliches »Herrenvolk« imaginieren.

Intermezzo I

Manche Gedichte brauchen ihre Zeit. Sie deuten sich an in ein paar Zeilen, aber oft bin ich dann noch nicht bereit, mich ganz dem zu öffnen, was sich in mir und durch mich ausdrücken will.

Und so entstand auch der Anfang dieses Gedichtes schon im März des Jahres 2020, und dann erschrak ich etwas und sperrte mich gegen die Worte die, wie so oft, sicher schon fertig in mir geschrieben waren. Und als sich mir ein paar Wochen später das Goethe-Zitat »da steh ich nun ich armer Tor und bin so klug als wie zuvor« aufdrängte, gelang es mir wieder ein paar Strophen zu schreiben. Es war eine schwere Geburt, wohl weil ich das sichere Gefühl hatte, dass mich einiges von dem, was da aus mir aufs Papier wollte, erschrecken könnte.

Das ist mir nicht neu. Viele Zeilen früher hätte ich eigentlich lieber nicht geschrieben, weil sie mir zu schonungslos mein Innerstes offenbarten. Aber es ging nicht anders, sie mussten raus aus dem Käfig meiner Zweifel und Ängste. Und im Nachhinein gesehen, bin ich froh, dass ich es meist zugelassen habe.

Ein paar Monate später stand ich dann vor dem fertigen Gedicht, und es fesselte mich, aber machte mir auch Angst wegen der Verzweiflung, die in ihm zu spüren ist.

Man sieht sich halt, vor allem im Alter, lieber als fertigen Menschen, denn als ständig fragenden und an sich zweifelnden.

Und nicht nur wegen der Goethe-Zitate wusste ich, dass ich es »Faust« nenne würde, auch meiner Verehrung dem Meister gegenüber geschuldet.

FAUST

Wer bin ich nur? Wann biet ich mir die Stirn?
Es gibt da dies Gerücht in meinem Hirn,
ich sei der mir so gut bekannte
seit über 70 Jahren mir anverwandte,

der, den ich mir erdachte und erträumte,
der, der mich überraschte, überschäumte
mit unbekannten Seiten meines Ich,
oft unerträglich fremd und fürchterlich?

War ich mir je bekannt oder ist alles
nur dem geschuldet, was man Muster nennt,
Gewohnheit, die sich besten Falles
nur immer wieder selbst erkennt

und dies als Selbsterkenntnis preist,
die sich aus Wohlbekanntem speist?
Das soll sich selbst erkennen sein?
Ganz sicher nicht. Eindeutig nein.

Wer bin ich nur? Wer ist dies ich?
Wie oft war ich denn wesentlich,
wie oft hab ich mir beigewohnt,
wie oft hab ich mich nur geschont?

Anstatt mich wirklich aufzudecken
und immer wieder neu zu wecken,
mich endlich einmal dem zu stellen,
was in mir ruht: den tiefsten Quellen.

Ist denn die Welt in ihrer Nacht
vielleicht ein Trugbild, das ich mir
jahrzehntelang nur selbst gemacht?
Die ganze Welt nur ausgedacht?

Wer bin ich nur. Wen frage ich?
Wer ist mein eigentliches Ich?
Ich finde mich sekundenlang
in Versen, Tönen, im Gesang,

das war's dann auch, ich armer Tor
bin dann so klug als wie zuvor.
Und taumle weiter durch die Nacht.
Schlaftrunken. Nie ganz aufgewacht.

Wer bin ich nur? Ich bin doch mehr
als das, was sich mein Hirn so sehr
bemühte zu verstehn.
Bin ich doch Teil von alledem,

was unverständlich bleiben wird
und immer unerklärbar ist
und sich wohl dann erst zeigen wird,
wenn man das Irdische vergisst,

wenn man sich ganz der Stille gibt
und ja, ich weiß wohl, wer da spricht
ins Sein so hemmungslos verliebt.
Und doch wird Stillsein dereinst Pflicht.

Wer bin ich nur? Werd ich es dann
erfahren oder nur noch sein,
und tauch ich dann doch irgendwann
in dieses Selbst voll Liebe ein?

Wer bin ich nur? Ich weiß es nicht.
Und ahne viel, wenn ein Gedicht
in meinem Innern zu mir spricht,
mein Dunkel taucht in helles Licht.

Das war's dann schon. Ein Ahnen nur.
Kein Wissen. Nie. Nur eine Spur
von dem, was diese schöne Welt
im Innersten zusammenhält.

Intermezzo 2 – live in Wien

Was für ein atemberaubender Spätsommertag war das doch, dieser 04. September 2020 in Wien! Bis zu unserer Abreise haben wir es kaum zu hoffen gewagt, dass dieses Konzert wirklich stattfinden würde. In Bayern war gerade mal die Höchstzahl von 400 Menschen als Publikum erlaubt – egal ob in einem Fußballstadion oder in der Olympiahalle. Doch in der Kulturstadt Wien durften im »Theater im Park« sage und schreibe 1100 Menschen kommen. Natürlich mit Abstand und Maske, und nach all dem, was ich in diesem allein schon wegen meiner Handverletzung missglückten Sommer alles absagen musste, war das wie ein Lottogewinn.

Mein Freund Michael Dangl vom Theater in der Josefstadt hatte die Idee. Er rief mich an und schlug mir ein Programm vor, das mich schon von der ersten Sekunde an begeisterte: Er wolle mit einer Kollegin in meinem Solo-Programm meine Gedichte rezitieren.

Diese Kollegin Michaels war, ebenso wie Michael selbst natürlich, ein Glücksfall für diesen Konzertabend: Die deutsche Schauspielerin Dörte Lyssewski ist seit 2009 Ensemble-Mitglied beim Wiener Burgtheater, und wie sie mir zu meiner großen Freude bei unserer Probe vor dem Auftritt sagte, schon sehr lange mit meinem Werk vertraut.

Die beiden suchten sich meine Gedichte selbst aus, und da sie auch Lyrik wählten, die ich schon als sehr junger Mann, ja fast noch als Knabe geschrieben hatte, beschloss ich, den Abend chronologisch zu gestalten. Ich begann mit meinen Anfängen in der zauberhaft verruchten Schwulenbar in München, wo ich die Chansonette Michaela als 19-Jähriger am Klavier begleitete und wo ich dann später auch meine allerersten Lieder, die *Sadopoetischen Gesänge*, vor einem Publikum, das nicht unbedingt in erster Linie an meiner Musik interessiert war, zum Besten gab. Und so wurde dieser für mich unvergessliche Wien-Abend auch ein Streifzug durch mein Dichten und Leben der letzten Jahrzehnte.

Und was hab ich da nicht alles erfahren über mich! Texte, die ich vor 60 Jahren geschrieben hatte, an die ich mich zum Teil überhaupt nicht mehr erinnerte, begannen neu in mir aufzuleben und neu zu klingen, denn meine geschätzten Kollegen hatten natürlich ihre eigene Sicht auf meine Worte, verbanden ihr eigenes Erleben mit meiner Poesie und eröffneten mir dadurch neue Welten.

In meinem jüngsten Buch *Auf der Suche nach dem Wunderbaren* schrieb ich:

> Die Poesie lehrt uns,
> dass nichts zu Ende interpretierbar ist
> und dass man die Interpretationshoheit
> nicht den Herrschenden überlassen darf.
> Ein Rilke-Gedicht, das du mit 17 gelesen und geliebt hast, wird dir auch noch nach Jahrzehnten vertraut und lieb sein. Dennoch liest es sich jetzt anders,
> versteht man es anders,
> je nachdem,
> was man in diesen Jahren erlebt,
> gelebt und erfahren hat.
> Die gleichen Worte.
> Und oft ein neuer Sinn.
> Die Worte leben in dir weiter,
> entwickeln sich,
> gestalten sich um.

Was für dich in der Jugend Liebe bedeutete,
wird sich im Alter
erhöhen und erweitern
und aus dem engen Kontext des persönlichen Begehrens befreien.
Und so geht es uns mit allen Worten:
Sie wandeln sich, wenn wir uns wandeln.
Sie erstarren zu Parolen, wenn wir erstarren.

Nun würde ich nie so vermessen sein, mich dadurch mit meinem über alles verehrten Meister Rilke zu vergleichen, aber an diesem Abend erlebte ich genau dies, was ich vor zwei Jahren geschrieben hatte:

Nichts ist zu Ende interpretierbar und wir dürfen die Interpretationshoheit deshalb nie den Herrschenden überlassen.

Auch ein Gedicht, das du selbst geschrieben hast, wandelt sich mit deinem Erleben, auch wenn die Worte dieselben bleiben. Zumal ja die wirkliche Poesie nicht aus der Ratio geboren wird, sondern wie bei mir meistens in meinem Innersten, von wem auch immer gedichtet wurde.

Ich durfte an diesem Abend viel über mich lernen. Dörte suchte sich auch Texte aus, die, ich drücke es jetzt mal vorsichtig aus, von meinem jugendlichen Machismo durchsetzt waren und die ich heute als alter Mann nicht öffentlich vortragen würde. Aber wenn eine so eigenständige und starke Frau das tut – manchmal mit Augenzwinkern, manchmal sehr leidenschaftlich – dann ist das halt ganz was anderes.

Und wenn Michael Dangl *Wecker* liest, vor allem auch solche Texte, die ich auch schon oft auf der Bühne vorgetragen habe, dann entdecke ich Wendungen und Worte meiner eigenen Texte neu, die mir früher noch nie so aufgefallen sind.

Und mich erfüllte eine tiefe Dankbarkeit. Was hab ich denn dafür getan, dass mir Melodien und Sätze mein Leben lang geschenkt wurden?

Meine StudentInnen versuche ich immer wieder für das Lesen von Gedichten zu begeistern. Man kann Poesie nicht gelehrt bekommen. Man kann nur von den Dichterinnen und Dichtern lernen, sich inspirieren und verführen lassen, verlocken lassen zu eigenen neuen Wegen. Und ja, gelesen habe ich als Knabe schon viel, immer wieder hemmungslos Sätze, die mich fasziniert hatten, in mein eigenes Werk einfließen lassen und dann gerne das Lied dem beklauten Autor gewidmet. Aber das war auch schon alles. Alles andere ist mir einfach nur geschenkt worden. Selbst in Zeiten, in denen ich mich hemmungslos darin verrannte, mich zu zerstören.

Und dann durfte ich an diesem Abend auch wieder dieses tiefe Gefühl der Dankbarkeit für mein Publikum erleben.

Kein einfaches Programm war das, wenig Scherzhaftes, keine opulente musikalische Gestaltung.

Und dennoch waren die Menschen an diesem Abend so herzlich und aufmerksam bei uns und mit uns.

Wir hatten ursprünglich gar nicht vor, von diesem Auftritt eine CD zu machen. Mein Produzent Flo Moser fand das Konzept so spannend, dass er ein paar Video-Aufnahmen machen wollte, um sie auf YouTube in meinem Kanal Weckerswelt zu posten. Und mein Toningenieur Christoph hat das Ganze mal sicherheitshalber mitgeschnitten. Was für ein Glück.

Noch am selben Abend war mir klar, dass wir diesen Abend veröffentlichen würden.

Obwohl ich immer noch ein paar Probleme mit meinem kleinen Finger hatte und man das bei ganz genauem Hinhören durchaus auch hören kann. Aber wie so oft ist die Perfektion – so beruhigend sie manchmal für einen selbst sein mag – nur zweitrangig in der Kunst. Auch wenn sie immer wieder als Maßstab verwendet wird. Ein Maßstab, ja oft ein Knüppel, der schon so vielen KünstlerInnen irgendwann den Mut geraubt hat, sich ganz eigenständig, frei und offen für Improvisation und Experimente zu entwickeln.

Mir waren schon immer die Leidenschaft und Begeisterung der Musizierenden so viel wichtiger als Perfektion.

Ein falscher Ton? Na und. Lieber ein ehrlicher falscher Ton als ein verlogener richtiger.

Sturm & Klang

Vor etwa 20 Jahren entschied ich mich, mein eigenes Label zu gründen. Es dauerte ein paar Jahre, bis wir die bürokratischen Probleme in den Griff bekamen, aber dann war es so weit: Sturm & Klang war geboren. Die Jahrzehnte vorher hatte ich darauf bestanden, bei den großen MasterLabeln meine Unabhängigkeit zu bewahren. Auch wenn es immer wieder mal versucht wurde, aber keiner durfte sich in mein künstlerisches Schaffen wirklich einmischen. Ich war stur, auch wenn ich immer wieder mal darauf hingewiesen wurde, dass meine Lieder nie wirklich große Radiopräsenz bekommen würden, mehr oder weniger unverkäuflich seien. Es gab durchaus auch kompetente musikalische Ratschläge, die ich auch oft gerne angenommen habe. Aber in die künstlerische Entwicklung eines Liedes konnte mir keiner eingreifen. Schon gar nicht meine Texte betreffend. Ich hätte sofort die Firma gewechselt.

Jedes noch so kleine Wort war mir heilig, und auch wenn viele Mitarbeiter dieser Konzerne ein gutes Gespür für Marketing hatten – die Poesie war mein Fachgebiet. Klar hätte ich von Peter Rühmkorf zum Beispiel gerne Ratschläge angenommen. Aber die Rühmkorfs sind nun mal im Musikbusiness rar gesät.

Anfangs wollte ich mit diesem Label eigentlich nur noch intensiver meine eigene Unabhängigkeit untermauern. Erst ein paar Jahre später dachte ich daran, dieses Label auch als Sprungbrett für junge Kollegen und Kolleginnen zu gestalten.

Es war auch die Zeit, als ich in der Uni Würzburg, wie später dann in Landau, meine ersten Songwriting-Seminare gab und spürte, wie viele junge KünstlerInnen sich danach sehnten, jenseits des großen Musikgeschäfts sich selbst zu verwirklichen. Erst da habe ich so richtig gespürt, dass mein künstlerisches Schaffen auch für einige junge Menschen ein Anreiz ist, Ähnliches zu tun. Und mir wurde bewusst, dass im Alter noch eine weitere Aufgabe auf mich wartete: das für junge Menschen zu sein, was für mich meine verehrten und bewunderten Lehrmeister Hanns Dieter Hüsch und Dieter Hildebrand waren.

Ohne die beiden wäre mein künstlerisches Leben weiß Gott völlig anders verlaufen. Hanns Dieter lehrte mich, geduldig dem Wort auch gegen jede Anzweiflung treu zu sein, das Publikum zu lieben und an jedem Konzertabend alles, wirklich alles zu geben. Und Dieter war für mich sowieso immer ein fast unerreichbares Vorbild, weil seine Integrität über jeden Zweifel erhaben war. Was habe ich als junger Mann im Publikum ihre Konzerte und Kabarettabende genossen, wie stolz war ich anschließend, mit ihnen plaudern zu dürfen. Ich habe nun die beiden besonders hervorgehoben, weil ich später mit ihnen auch immer wieder aufregende gemeinsame Abende gestalten durfte. Aber sie waren beileibe nicht die einzigen ach so wichtigen Mentoren meines künstlerischen Lebens. Und so durfte ich, von ihnen reich beschenkt erleben, wie wichtig ein künstlerischer Ratgeber in diesem schwierigen und manchmal auch harten Künstlerberuf ist.

Und so beschloss ich, denen ein Mentor zu sein, die von mir Unterstützung in ihrem eigenständigen künstlerischen Wirken brauchen. Und nun ja, eine ganz subjektive Bedingung gibt es noch: Ihre Lieder müssen mir ganz persönlich einfach gefallen.

Und da ist Sturm & Klang eine ganz wunderbare Plattform. Ein Label, ganz bestimmt nicht gegründet, um damit die große Kohle zu machen, sondern um die zu stärken, die den Mut haben, sich auf den steinigen Weg der Subkultur zu begeben.

Hier sind keine KünstlerInnen, die in erster Linie berühmt oder reich werden wollen. Dann können sie zu Dieter Bohlen gehen.

Hier sind Künstler versammelt, die etwas zu sagen haben, die auch politisch eine Meinung haben, kluge antifaschistische und antirassistische junge Menschen, die in den nächsten Jahrzehnten noch viel zu sagen haben werden.

Die wir so dringend brauchen für die Utopie einer Gesellschaft ohne Kriege und Unterdrückung. Für meine so sehr ersehnte herrschaftsfreie Welt.

Am 2. Oktober 2020 war es dann so weit. Wir streamten unser Sturm & Klang Labelkonzert.

Alle Künstlerinnen konnten nicht dabei sein, zwei waren erkrankt, andere hatten sogar noch Auftritte. Aber mit den meisten konnten wir zusammen reden, singen, musizieren.

Viele trafen sich an diesen Tagen zum ersten Mal, und es war schön zu sehen, wie sie Verbindungen knüpften, sich untereinander austauschten, überlegten, miteinander aufzutreten. Uns war es wichtig – auch wenn wir nicht allzu viel Zeit zum Proben hatten –, so viel wie möglich gemeinsam zu gestalten. Und jeder Künstler, jede Künstlerin sollte ein Wecker-Lied interpretieren und ein eigenes.

Mit den meisten KünstlerInnen sang und spielte ich schon oft zusammen auf meinen Konzerten. Ich stellte sie meinem Publikum vor, und es war schön zu erleben, wie offen mein Publikum für diese jungen Musiker war und wie herzlich sie aufgenommen wurden. Für mich waren diese Tage sehr bewegend. Und ich muss zugeben, es war unglaublich schön für mich, meine Lieder auf so unterschiedliche und junge und frische Art gestaltet zu erleben. Und dabei zu spüren, wie sie doch so viele KünstlerInnen inspirieren konnten, sich selbst musikalisch und künstlerisch zu verwirklichen.

Klar, man merkt immer wieder, dass man der weitaus Ältere ist – aber während des gemeinsamen Musizierens gibt es keine Altersunterschiede. Jahrelang spielte ich ja mit dem wunderbaren Saxofonisten Charlie Mariano zusammen. Charly war 24 Jahre älter als ich, aber ich spürte das nie. Im Zusammenspiel mit uns war dieser so lebendige, empathische und einzigartige Musiker einfach alterslos. Das, was in ihm erklang, war zeitlos, und so erlebten wir ihn auf der Bühne: Er spielte nicht. Es spielte ihn. Sein zauberhafter Ton wird mir immer im Herzen bleiben. Was für ein Geschenk mit ihm Musik erleben und gestalten zu dürfen.

Ich hoffe natürlich, meine jungen KollegInnen sehen das bei mir ähnlich, und es ist nicht nur das Wunschdenken eines älteren Herrn, beim Musizieren alterslos erlebt zu werden. Ich jedenfalls spüre das Alter natürlich oft nachher oder vorher. Aber ehrlich gesagt auf der Bühne fast nie.

Sicher auch ein Grund, warum mir derzeit die Bühne – dieser ewige Jungbrunnen – so unglaublich fehlt.

Liebe Leserin, lieber Leser – diesen Stream sowie alle anderen dieses Jahres könnt ihr weiterhin auf Weckerswelt sehen, und weil er uns so viel Freude gemacht hat, werden wir noch eine CD mit den Songs des Labelkonzerts im Sommer 2021 herausbringen.

Und lasst mich noch ein bisschen dafür werben: Wenn ihr sie und alle anderen CDs unserer KünstlerInnen bei uns im Shop bestellt, geht bei jeder Bestellung noch ein Euro an unsere Labelkünstler.

Wir werden damit Amazon nicht in die Knie zwingen. Aber wir sind halt nun mal Spinner- und TräumerInnen.

Ich hatte ja schon geschrieben, dass Sarah Straub dankenswerterweise als Pianistin für mich einsprang in Passau, als ich meine Hand verletzt hatte. Sie war auch am 16. Juni 2020 mein Gast in meinem ersten und bisher einzigen Autokino-Konzert: in Baden Baden – auf dem Pendlerparkplatz vor dem Rantastic.

Ein denkwürdiger Abend mit einem Publikum, das den Applaus nur mit Lichthupen gestalten durfte. Das Konzert wurde vom SWR live gestreamt. Sarah sang sich, wie so oft, in die Herzen der Menschen, die ja gekommen waren, um meine Lieder zu hören, nun aber einige davon auf so andere, weibliche und junge Art neu erleben durften. Ein unvergesslicher Abend, der in der SWR-Mediathek noch zu erleben ist.

Und dann kam vom Bayerischen Rundfunk ein sehr interessantes Angebot. Für die Sendung »Z'am rocken – 2 Künstler, ein Tag, ein Konzert« schlug man ein Programm vor, bei dem Sarah nicht als Gast bei mir auftreten sollte, sondern bei dem wir gleichwertig und auf steter Augenhöhe einen gemeinsamen Konzertabend bestreiten sollten. Ich fand das sehr spannend und Sarah war auch begeistert, und so sagten wir gerne zu.

Jo und Fany sagten auch sofort zu, und mit ihnen die großartige Harfinistin Franziska Eimer, mit der wir früher schon ein paar Mal zusammengearbeitet hatten.

Sie war auch eigentlich die Initiatorin dieser Z'am rocken Idee.

Sarah hatte zu diesem Zeitpunkt schon ein paar sehr gute eigene deutsche Songs geschrieben, und so beschlossen wir, dass nicht nur sie meine Lieder singen würde, sondern eben ich auch ein Lied von ihr.

Ihr Lied *Schwalben* – ein wirklich erstaunliches Lied, das mich von Anfang an schon sehr berührt hatte – ist von ihrer Arbeit als Psychologin und Demenzforscherin inspiriert.

Darin heißt es so anrührend poetisch:

Wann war der Punkt als du erkanntest,
dass er nicht mehr derselbe war.
Ihr habt euch lang noch selbst belogen,
da war's den Ärzten schon lang klar,

dass was anfangs harmlos wirkte,
schon einen Teil des Abschieds hieß,
Du, wenn du ehrlich zu dir selbst bist,
kaum mehr Vertrautes in ihm siehst,

Im Herbst ziehn die Schwalben Richtung Süden,
der Wind weht von den Bäumen buntes Laub,
schon wieder ist ein Jahr beinahe vorüber,
all deine Träume zerfallen zu Staub.

Und Sarah entdeckte in meinem Werk ein Lied, das ich vor Jahrzehnten geschrieben hatte, als es mir aufgrund meiner Suchterkrankung richtig elend ging: Manchmal weine ich sehr. Eine Strophe daraus:

Manchmal weine ich sehr. Das behalt ich für mich.
Auch daß ich mich sehne nach dir.
Vom Bett aus sehe ich den Park und dich
Und die Sonne bis Viertel nach vier.
Es schneit bereits. Doch jetzt im August
Ist dir sicher zu heiß, um zu schreiben.
Vielleicht nächstes Frühjahr. Ach würd mich das freuen.
Ich werd noch ein Weilchen hierbleiben.

Es ist der Hilferuf eines Patienten in einer psychiatrischen Anstalt.

Ich war zwar nie dort, hätte mich aber eigentlich in dieser Zeit dringend in Behandlung begeben müssen. Ich halte unsere gemeinsame Gestaltung dieser Lieder für den eigentlichen Höhepunkt dieses Abends.

Da meine Stimme bei dieser Aufnahme seinerzeit doch sehr brüchig und zerbrechlich war, war es für mich schön zu erleben, wie Sarah mit ihrer klaren und schnörkellosen Stimme dieses Lied gestaltete. Ich finde ganz ehrlich, sie macht es besser als ich damals.

Fany und Jo waren wie immer mit ihrem ganzen Können, ihrer ungebrochenen Leidenschaft für die Musik und für meine Lieder dabei, und besonders schön fand ich, dass dieses Konzert auf einer Isarbrücke aufgezeichnet wurde, dem »Kulturstrand«, dem Isarbalkon auf der Corneliusbrücke.

An der Isar bin ich groß geworden, in der Isar schwamm ich als Knabe auf dem Rücken meiner Mama, später gockelte ich in knappen Höschen als DLRG-Rettungsschwimmer am Isarstrand der Praterinsel. Dieser Fluss prägte mein Leben, und nun, in Zeiten der Pandemie, spielte ich dort vor gerade mal 200 Menschen mit Maske und Abstand viele der Lieder, die ich in meiner Heimatstadt geschrieben hatte, gelebt hatte und schon vor Zigtausenden von Menschen – meistens im legendären Circus Krone – immer wieder neu interpretiert hatte.

Das Wetter war erfreulich freundlich, und ich erzählte meinen Musikern von meinem so ganz persönlichen Verhältnis zu meinem Lieblingsfluss, als wir uns auf das Konzert vorbereiteten.

Z'am rocken ist eine Sendung, in der die Proben mit aufgezeichnet werden, Interviews geführt werden und dadurch die Begegnung zweier Musiker dokumentiert wird.

Und es gab für diesen Abend so viel Neues zu entdecken.

Andreas Krieger und seine MitarbeiterInnen haben alles zu einem wirklich anrührenden Ganzen vereint. Die Gespräche, die Konzertausschnitte, die Proben, und für mich war es sehr schön zu entdecken, wie wichtig es ist für eine junge Künstlerin, eben nicht nur als Gast, sondern als gleichwertige Partnerin mit mir auf einer Bühne zu stehen.

Was mich an meiner jungen Kollegin so begeistert, ist – und das versuche ich, meinen StudentInnen auch immer wieder eindringlich zu erklären – ihre neu erworbene Fähigkeit, nicht nur ihre wunderschöne Stimme erklingen zu lassen, sondern auch in erster Linie verstanden werden zu wollen. Und die deutsche Sprache ist – man vergleiche das nur einmal mit Italienisch – nicht wirklich eine Sängersprache. Zu viele Konsonanten am Ende eines Tons hindern uns oft, den Ton wirklich ausklingen zu lassen. Ich habe 50 Jahre daran gearbeitet, denn mir war immer wichtiger, verstanden zu werden als für meine Stimme gefeiert zu werden. Ich glaube, Sarah ist da jetzt auf dem richtigen Weg.

Sie erblühte bei diesem Konzert mehr denn je zu sich selbst und ich war und bin sehr stolz, ihr dabei beigestanden zu haben. Ihr Mentor zu sein.

Die Kultur des Erinnerns II –
Paul Wulf

In diesen turbulenten und oft verwirrenden Zeiten habe ich mich
sehr viel mit der Bedeutung von Erinnerung für unser Leben, aber
auch über ihre Rolle und Wirkung als unverzichtbarer Bestandteil
unserer kulturellen und politischen Praxis nachgedacht. Ein Text aus
den Tagen zwischen Weihnachten und Neujahr liegt mir dabei besonders am Herzen: Ich durfte das Vorwort für ein wichtiges und be-
eindruckendes Buchprojekt schreiben, das zum 100. Geburtstag von
Paul Wulf erscheint. In der Kultur der Erinnerung ist für mich der
bewusste Vorgang des Erinnerns ausschlaggebend. Das Erinnern ist
ein nie abgeschlossener lebendiger, fortwährender Prozess des Denkens und Fühlens, der stets aktiv und kritisch von Menschen in der
Gegenwart gestaltet werden muss und der unsere gemeinsame Zukunft gestalten kann. Hier eine Passage aus dem Vorwort: *Kämpfen
heißt Erinnern.*

Wer in Münster zu Fuß unterwegs ist, kann Paul Wulf heute immer
noch begegnen: Mit seinem offenen Blick steht er zentral auf dem
Servatiiplatz. Überlebensgroß! Das macht Sinn, denn Paul sollte
zwei Mal ausgelöscht werden. Es ist sein liebenswerter, zugewand-
ter und intensiver Blick, der uns alle zum Gespräch, zur Kommunikation und zur Auseinandersetzung einlädt. Über Paul und seine Geschichte. So haben beide überlebt. Vielleicht auch, weil Paul

sein Leben lang widerständig geblieben ist und weil er Freunde und Freundinnen hat, die an ihn, seine Kämpfe und seine Geschichte erinnern und sie fortsetzen. Wie die Künstlerin Silke Wagner, die für die Skulptur Projekte Münster 2007 die wunderbare 3,5-Meter-Figur von Paul Wulf geschaffen hat. Oder Menschen wie Bernd Drücke und andere Mitglieder des Freundeskreises Paul Wulf, die den Körper der Plastik, der als Litfaßsäule dient, monatlich mit Texten von und über Paul und seine Geschichte neu tapezieren.

Ich habe Paul Wulf nie persönlich getroffen. Aber ich durfte ihn durch die Erzählungen seiner Freunde und Freundinnen kennenlernen. Und durch seine Gedichte und Gedanken. Und ich durfte für den dauerhaften Verbleib von »Paul« in Münster mit vielen anderen gemeinsam streiten, als konservative Politiker die Skulptur einfach weghaben wollten. Haben sie dabei einmal daran gedacht, dass die verantwortlichen NS-Ärzte Menschen wie Paul auch »weghaben« wollten?

Meine Begegnungen mit Paul waren und sind ein großes Geschenk für mich. Denn Paul war ein besonderer Mensch. Das konnte ich dank der Erzählungen seiner Freunde spüren. Paul war aber auch ein wichtiger Mensch für uns alle, die nicht aufhören wollen zu träumen von einer herrschaftsfreien Welt. Ich bin mir sicher, wir hätten uns gut verstanden. Zumal ich mich aus verschiedenen Gründen sehr verbunden mit Paul fühle. Allein schon wegen unserer gemeinsamen Liebe für die Gedichte und den Menschen Erich Mühsam. Die Nazis wollten diesen großartigen Dichter und Revolutionär sowie sein literarisches und politisches Werk ebenfalls auslöschen – als Rache für seine Rolle bei der Revolution am 7. November 1918 und in der Bayerischen Räterepublik 1919. Kurz nach der Machtübergabe an die Nazis 1933 verhaftete die SA Erich Mühsam und die SS ermordete ihn nach 16-monatiger KZ-Haft und Folter am 10. Juli 1934 im KZ Oranienburg. Aber sein Wirken und sein Werk konnten sie nicht auslöschen. In Anlehnung an ein Gedicht dieses von Paul und mir so verehrten und bewunderten Revolutionärs, Anarchisten und Pazifisten habe ich 1982 das Lied *Revoluzzer* geschrieben. Darin heißt es unter anderem:

A Revoluzzer müaßt ma sei,
dann war der Ärger schnei vorbei,
aba wer macht si scho di Plog
und revoluzzt den ganzn Dog.

Paul war definitiv ein solcher Revoluzzer. Er wurde schon als Kind stigmatisiert und 1938 als 16-Jähriger von den Nazis zwangssterilisiert. »Von meinem siebten Lebensjahr an war mein Leben nur noch der Heimerziehung unterworfen, was mich zu einem anderen Menschen machte. Ich lernte kritisch denken und ließ nicht alles willenlos über mich ergehen«, erinnerte sich Paul an jene Zeit. Paul machte »si scho di Plog« und vor allem »sei Mei auf, wenn a mog« und traute »sich mögen, wos a mog.« Den Anstaltsleiter und NS-Arzt haben Paul und die anderen Kinder »Menschenmetzger« genannt. Sie haben die tödliche Gefahr des deutschen Faschismus von Anfang an gespürt und begriffen. Die meisten »Normalen« haben weiter »Heil« geschrien. (…)

Menschlichkeit braucht Renitenz, Veränderung braucht Hartnäckigkeit, Protest und Widerstand. Immer wieder und stets von Neuem. Dafür brauchen wir die Erinnerung an und das Wissen über die Mechanismen gesellschaftlicher und staatlicher Ausgrenzung, Stigmatisierung, Diskriminierung, Verfolgung und Auslöschung. Paul Wulf hat dazu sehr viel beigetragen. Auch deshalb haben sein lebenslanges Engagement und der gemeinsame Kampf gegen die Beseitigung der Paul-Skulptur eine sehr große Bedeutung. Kämpfen heißt Erinnerung. Wir brauchen Menschen wie Paul Wulf und wir brauchen die Erinnerung an und die Begegnung mit solchen Menschen. Sie sind unendlich wertvoll. Denn Erinnern kann uns Kraft geben für unsere aktuellen Kämpfe für eine gerechtere Welt. Sie kann uns Mut machen, überall und immer, wenn es nötig ist, »Nein« zu sagen.

Die Erfassung, Kategorisierung und Überwachung von Menschen bzw. definierter Gruppen ist und war schon immer die Voraussetzung staatlicher Repression und Verfolgung. Daran sollten wir uns immer erinnern, um stets wachsam und kritisch zu bleiben. Im Jahr 2018 wurde ein Gesetzentwurf der Bayerischen Staatsregierung für ein »Psychisch-Kranken-Hilfe-Gesetz« bekannt. Bei Betroffenen, AktivistInnen, kritischen TherapeutInnen, ÄrztInnen und JournalistInnen schrillten rechtzeitig die Alarmglocken. Auch das haben wir Menschen wie Paul Wulf zu verdanken, die sich nach 1945 für die Anerkennung und die Rechte von vergessenen NS-Verfolgten öffentlich eingesetzt haben. Heribert Prantl schrieb am 16. April 2018 in der SZ: »Depressive Menschen sollen in Bayern künftig registriert werden – und behandelt, als wären sie Straftäter. Das ist kein Hilfe-, sondern ein Polizeigesetz.« Es konnte in dieser Form vorerst verhindert werden.

Nicht verhindert haben die Menschen 1933 das »Gesetz zur Verhütung erbkranken Nachwuchses«, das zum 1. Januar 1934 in Kraft trat, um angeblich »erbkranke« Menschen »unfruchtbar« zu machen. Dieses Verbrechen, das Paul angetan wurde, verbindet mich bis heute in meinen Gedanken mit ihm. Wer von Ärzten damals zum Beispiel als »schizophren« oder »manisch-depressiv« diagnostiziert wurde, aber auch, wer »an schwerem Alkoholismus leidet«, konnte zwangssterilisiert werden. Als Süchtiger wurde ich bereits ins Gefängnis gesperrt. Was wäre damals mit mir geschehen?

Ich bin sehr dankbar, dass ich Menschen kennenlernen durfte, die ihr Leben lang antifaschistisch gehandelt haben: Ich durfte in einem Elternhaus aufwachsen mit einem Vater, der in der Nazizeit den Kriegsdienst verweigert hatte und einer Mutter, die mit mir gemeinsam bis kurz vor ihrem Tod auf vielen Demonstrationen gegen Rassismus, Krieg sowie alte und neue Nazis war. Und ich durfte den Widerstandskämpfer und Überlebenden Martin Löwenberg über 20 Jahre lang kennen und immer wieder treffen, der ZwangsarbeiterInnen mit Lebensmittelmarken und Informationen über den Frontverlauf versorgt hatte, bevor er selbst ins KZ kam. Er hat uns sein Leben lang daran erinnert, »dass Faschismus keine Meinung, sondern ein Verbrechen ist«, das wir bis heute gemeinsam immer und überall verhindern müssen.

Die Begegnung und Erinnerung an solche besonderen Menschen wie Paul können unser Leben nachhaltig verändern, wenn wir es zulassen. Als ob ein Teil ihrer widerständigen Energie auf uns übergeht. Deshalb brauchen wir Menschen wie Paul Wulf. Und wir brauchen Menschen und Initiativen, die uns durch ihre aktive Erinnerungsarbeit die Möglichkeit geben, Menschen wie Paul Wulf kennenzulernen. Dieses großartige Erinnerungsbuch, das zum 100. Geburtstag von Paul Wulf erscheint, ist mit seinen berührenden und beeindruckenden Texten ein großes Geschenk. Ein Geschenk für uns alle, die Paul bereits kennenlernen durften und für alle, die Menschen wie Paul kennenlernen wollen, weil sie spüren, dass wir alle solche Menschen wie Paul sein sollten.

Die Kultur der Anarchie

»Hat es in der Geschichte der Menschheit je ein anderes hehres Ideal gegeben, das so unablässig diffamiert worden ist wie der Anarchismus? Anarchie ist bestialisches Chaos, auf diesen einfachen, doch umso beängstigenderen Nenner lassen sich Jahrhunderte der Verleumdung bringen. Ein Nachschlagewerk aus dem 19. Jahrhundert definiert Anarchisten als ›Idioten oder angeborene Verbrecher, die noch dazu allgemein humpeln, behindert sind und asymmetrische Gesichtszüge tragen‹«, schreibt mein geschätzter Freund und Kollege Ilija Trojanow in seinem wertvollen Buch *Anarchistische Welten*.

Nach dem Sturm der Trump-Faschisten auf das Kapitol am 7. Januar 2021 titelte die BILD: »Die Stunde der Anarchie«.

Ist das nur Blödheit oder nach wie vor die bewusste Diffamierung einer Idee, die schon seit Tausenden von Jahren die Menschheit träumen ließ von einem gleichberechtigten Miteinander ohne krankhaftes Machtstreben, ohne Unterdrückung, ohne Gehorsam?

Konnte man die patriarchalen, meist schwerkranken Gesellschaftssysteme nur dadurch aufrechterhalten, dass systematisch und immer wieder alle anderen Versuche für verrückt erklärt wurden, dämonisiert wurden, und im harmlosesten Fall ins Lächerliche gezogen wurden? Wie verrückt muss eine Menschheit gemacht werden, damit sie glaubt, ein System wie der Kapitalismus, das ausschließlich einigen Wenigen zu einem oft obszönen Wohlstand verhilft, sei allen Menschen und eben auch den Armen und Ärmsten dieser Erde dienlich? Wie oft muss man immer und immer wieder der Menschheit zurufen, dass der Mensch von Grund auf ein schlechtes, nicht empathisches und mitleidsloses Wesen sei, das einzig schlechte, unempathische und mitleidslose Herrscher zur Vernunft bringen können? Maligne Narzissten wie Trump und Bolsonaro, Orban oder Erdoğan und wie die vor sich hin pöbelnden alten Machos noch alle heißen mögen, die sich derzeit in den Zentren der Weltmächte ballen?

Wahre Dichterinnen und Dichter waren immer schon Anarchistinnen und Anarchisten. Selbst als es den Begriff noch gar nicht gab. Auch solche, denen man es erst mal nicht ansehen konnte, wie – um nur zwei Beispiele zu nennen – James Joyce oder Dostojewski.

Henry Miller, der große anarchische amerikanische Dichter hat einmal geschrieben, der wahre Künstler müsse Anarchist sein.

Und ich habe das als 17-jähriger glühender Verehrer Millers in mich aufgesogen wie göttliches Manna. Schon als 14-Jähriger ging ich ins Gymnasium mit einem Bakunin-Buch unterm Arm, sodass es jeder sehen konnte, vor allem mein mir verhasster Physiklehrer. Ein alter Nazi, wie die meisten meiner Zuchtmeister des sogenannten humanistischen Ideals.

Ich hatte Bakunin nicht wirklich gelesen. Ich wollte provozieren. Das gelang mir auch. Später las ich dann alles, was ich über Anarchie in die Finger kriegen konnte und beschäftigte mich vor allem mit der Münchner Räterepublik und ihren wunderbaren KünstlerInnen.

Mühsam, Landauer – bis heute bekomme ich Gänsehaut, wenn ich ihrer Poesie und ihrer tragischen Geschichte gedenke.

Der Versuch ist gescheitert. Die Idee aber lebt weiter und mag sie noch so oft scheitern – einst wird die Menschheit in einer herrschaftsfreien Gesellschaft friedlich zusammenleben oder eben gar nicht mehr zusammenleben.

Carl Ludwig Börne (geboren am 6. Mai 1786 im jüdischen Ghetto von Frankfurt am Main als Juda Löb – auch Löw – Baruch; gestorben am 12. Februar 1837 in Paris) schrieb schon damals:
»Nicht darauf kommt es an, dass die Macht in dieser oder jener

Hand sich befinde: Die Macht selbst muss vermindert werden, in welcher Hand sie sich auch befinde. Aber noch kein Herrscher hat die Macht, die er besaß, und wenn er sie auch noch so edel gebrauchte, freiwillig schwächen lassen. (…) Freiheit geht nur aus Anarchie hervor – das ist unsere Meinung, so haben wir die Lehren der Geschichte verstanden.« (Auszug aus: Ilija Trojanow, *Anarchistische Welten*.)

Freiheit geht nur aus Anarchie hervor – und gemeint ist die Freiheit für alle und jede und jeden. Nicht die Freiheit einiger weniger Begüterter, nicht die Freiheit der in sich selbst so entsetzlich unfreien Tyrannen – unsere Freiheit ist gemeint. Die Freiheit des Geistes und des Herzens, die Freiheit der Kunst, die Freiheit der Liebe.

Ende der 1970er, als die so wichtige 1968er Bewegung bereits zu ersticken begann an den irrwitzigen Forderungen der verschiedenen marxistischen Ideologen, wurde ich oft in meinen Konzerten unterbrochen von K-Gruppen aller Art, die mich aufforderten, mit ihnen stramm zu stehen und mich ihrer jeweiligen Ideologie zu unterwerfen. Für mich als Anarcho eine absolute Unmöglichkeit. Jede dieser politischen Sekten war der Meinung, einzig sie und ihr von irgendwelchen Dogmatikern formuliertes Weltbild könne die Welt retten. Die neoliberalen Think-Tanks rieben sich ob dieser Zerrissenheit die Hände und bereiteten sich auf die Konterrevolution vor.

Anarchie ist ein ständig in Bewegung bleibender Prozess.

Trojanow schreibt zu Recht, »dass sich der Anarchismus niemals zu einem festen System fügen kann, weil es innerhalb eines starren Systems keine wirkliche Befreiung des Denkens geben kann«.

Und ich möchte noch hinzufügen, dass der Verstand eines einzelnen Menschen, mag er noch so brillant sein, nie der Maßstab für ein gemeinsames Miteinander sein kann. Alle sollen mitdenken, mitformen, mitfühlen und zwar nicht, um ein ideologisches, noch so perfekt scheinendes und für die Ewigkeit gültig gemeißeltes Traktat zu erstellen, sondern für ein lebendiges Zusammenwirken. Gleichberechtigt und ohne eitle Besserwisserei. Und vereint im Widerstand gegen alle Formen der Herrschaft. Eben auch und gerade solche, die sich nach geglückten Revolutionen wieder neu herauszuschälen versuchen.

Seit über 50 Jahren singe ich in vielen meiner Lieder gegen die Herrschaft und gegen die Macht an. Auch gegen die immerwährende Gefahr, selbst der Verherrlichung zu verfallen. Das habe ich mir nicht immer wieder ausgedacht, sondern es muss tief in mir etwas Mahnendes, mich stets Warnendes versteckt sein, das sich durchaus bewusst ist, dass ich natürlich ebenso anfällig bin der Gier nach Macht zu erliegen, wie die meisten von mir bekämpften anderen.

Als ich gefragt wurde, in dem Film »Wunderkinder« von Marcus O. Rosenmüller den SS-Standartenführer Schwartow zu spielen, habe ich sofort zugesagt. Das Drehbuch war hervorragend, und der Film war ein wichtiger antifaschistischer Beitrag zur Erinnerung an das unsägliche Grauen der Naziherrschaft. Ich konnte nicht ahnen, dass ich bei diesen Dreharbeiten etwas kennenlernen musste, das ich eigentlich nicht wirklich wissen wollte von mir.

Ich spielte die absolute Drecksau, den angeblich kunstverliebten Standartenführer, der jüdische Kinder ins KZ stecken sollte und wollte. Schon vom ersten Moment an, in dem ich meine maßgeschneiderte Uniform anzog, war ich dieser Kerl. Ich musste nichts mehr spielen. Nach den ersten Drehwochen wurde ich sauer, wenn Statisten mich nicht mit »Heil Hitler« grüßten. Natürlich nur, solange ich diese verdammte Uniform trug! Nach Drehschluss, am Abend habe ich mich dann entsetzlich vor mir selbst geschämt. Was war da passiert in mir? Mein Leben lang Antifaschist und nun bricht etwas aus mir hervor, was ich bei allen anderen, nur nicht bei mir vermutet hätte. Die Dreharbeiten haben mein Leben wieder mal verändert. Diese Erfahrung hat mir klargemacht, dass alles das, was ich bekämpfe, auch in mir selbst wohnt.

Und es hat mich den Satz wirklich verstehen gelehrt: Niemand darf sich Antifaschist nennen, der nicht »den Faschisten in sich selbst« entdeckt hat.

Wir sollten uns täglich mit allem auseinandersetzen, was uns zutiefst geprägt hat, die wir aufgewachsen sind in einer Gesellschaft von Herrschaft und Gehorsam. »Es gibt kein richtiges Leben im falschen«, hat der große Denker der Frankfurter Schule Theodor W. Adorno in seiner *Minima Moralia* so treffend geschrieben. Wir müssen aufpassen und uns immer wieder selbst infrage stellen. Wir sind alle groß geworden in einem System, das uns Gehorsam gelehrt hat anstelle von Selbstverwirklichung, das uns gelehrt hat, Ellbogen zu gebrauchen anstelle von Umarmung, das uns gelehrt hat, dass wir eigentlich unnütze, unbrauchbare Untertanen seien, die auch mal gerne etwas revoltieren dürfen, aber bitte immer ohne dabei die wirklich mächtigen Macher ernsthaft in ihren ach so wichtigen Unternehmungen zu stören.

Stören wir sie liebe Freundinnen und Freunde, seien wir anarchisch! Es gelingt der herrschenden Meinung seit Jahrtausenden, den den – wie Trojanow so treffend schreibt – »krudesten Unsinn durch beharrliche Wiederholung zur unumstößlichen Wahrheit hochzujubeln«.

Nun ist es an uns, den Unsinn zu widerlegen, indem wir zu diesem Wort uns bekennen, das sie uns immer wieder auszureden versuchen, das sie schmähen und vor dem sie anscheinend so Angst haben: Wir sind bekennende Anarchos und stehen dazu!

Auf dem langen Weg nach Utopia

Eigentlich wollten wir ja im Herbst 2020 schon mit meinem neuen Programm *Utopia* auf Tour gehen. Die Konzertsäle waren gebucht und auch der Vorverkauf lief gut und wir freuten uns alle sehr auf dieses spannende und neue Programm.

Zwei Schauspielerinnen wollte ich dabeihaben und viele meiner MusikerInnen mit denen ich in den letzten Jahren immer wieder musizieren durfte.

Natürlich mussten wir alle Konzerte absagen. Das »Utopia« des Thomas Morus hat mich schon als Jugendlichen unglaublich fasziniert. Der Freund von Erasmus von Rotterdam – er widmete ihm sein Buch *Lob der Torheit* – lebte im England des 16. Jahrhunderts, im Zeitalter der Renaissance, der Reformation und der Glaubenskriege, im Zeitalter selbstherrlicher Könige und Fürsten. Und er entwirft, 300 Jahre vor Karl Marx, frühsozialistische, fast schon kommunistische Ideen.

Eigentlich – und das hat mich wohl so fasziniert – ist es die Idee herrschaftsfreien, ja anarchistischen Zusammenlebens, ohne Privateigentum und Geldwirtschaft. Ein menschenwürdiges Leben ohne Herrschaft und Gehorsam. Morus musste seine liberale Geisteshaltung Jahre später mit dem Leben bezahlen, als er König Heinrich dem VIII. den Gehorsam verweigerte. Am 6. Juli 1535 wurde Thomas Morus im Alter von 57 Jahren auf dem Schafott auf dem Tower Hill hingerichtet.

Und bei Wikipedia ist zu lesen: »Seinen Humor, für den Thomas

Morus bekannt war, habe er sich bis zuletzt bewahrt: Laut einer Anekdote bat er den Henker bei seiner Hinrichtung, beim Zuschlagen mit dem Beil auf seinen Bart zu achten, da dieser nicht Hochverrat begangen habe.«

Da sieht man es wieder: Der anarchische Gedanke durchglühte die Menschheitsgeschichte schon lange, bevor das Wort Anarchie zum Schimpfwort wurde.

Ich wollte – und werde – in dieses Programm Zitate von Bloch bis Hannah Arendt, Kropotkin bis Henry Miller und Gedichte und Lieder aus der Bayerischen Räterepublik rezitieren und zum Klingen bringen.

Kropotkin, der anarchistische Fürst, wie er auch aufgrund seiner adeligen Herkunft genannt wurde, sagte:»Unsere Gesellschaft scheint nicht mehr verstehen zu können, dass es möglich ist, anders als unter der Herrschaft des Gesetzes zu existieren, das von einer repräsentativen Regierung ausgearbeitet und von einer Handvoll Herrschern verwaltet wird.«

Und da hat sich vom Ende des vorletzten Jahrhunderts bis heute nichts geändert. Wie auch – ist es doch fast unmöglich, wirklich frei und neu zu denken in einem System, das bestimmte Denkmuster von vorneherein nicht zulässt, abwürgt und verteufelt.

Und darum geht es mir in meinem *Utopia*: mithilfe großer DenkerInnen und DichterInnen und mithilfe der Musik Mut zu machen, diese Muster zu durchbrechen.

Wer die Zukunft neu und gerecht gestalten will, muss die Gegenwart verstehen: Und weil wir uns von der sich rasant ausbreitenden Dummheit der Macht nicht weiter dumm machen lassen wollen, brauchen wir heute dringend eine Utopie, eine soziale Vision, die das Leben für alle Menschen auf der Welt besser macht und die uns allen Hoffnung und Mut schenkt und uns überleben lässt. Die Suche nach Utopia ist eine aufregende Reise in eine freie Welt voller Sehnsucht und Träumen nach einem besseren Leben.

Ich bin zwar ein alter Anarcho, aber eigentlich bin ich im tiefsten Herzen immer auch schon ein Romantiker gewesen. Meine Liebe zur romantischen italienischen Oper, meine Liebe zur romantischen Musik in Deutschland. Aber zum Romantiker gehört auch, dass ich mich als bekennender Utopist bezeichne. Denn ich bin davon überzeugt, dass wir ganz dringend Utopien brauchen. Gerade an der Utopie, die nie ein festes Modell, nie eine starre Ideologie ist, kann man sich orientieren, um gemeinsam mit anderen an einer Idee zu arbeiten. Im Gegensatz zu Helmut Schmidt, der einmal sagte, »wer Visionen hat, sollte zum Arzt gehen«, bin ich der Meinung, wer keine Visionen hat, der sollte dringend zum Therapeuten gehen.

Seit Jahrhunderten wollen uns die herrschenden Eliten einreden, dass Utopia, also eine andere, gerechtere Gesellschaft unmöglich sei: Lasst uns endlich dafür sorgen, das angeblich »nicht Realisierbare« möglich zu machen, bevor die Reichen und Mächtigen die Welt für immer zerstört haben werden.

Und folgen wir denen nach, die sich vor uns auf die Suche begeben haben und ohne die wir nicht wären, was wir sind. Ab heute gibt es für uns keine Denkverbote mehr: Wir machen einfach gemeinsam, was für uns alle ein besseres Leben möglich macht.

Wie sagt es der deutsche Philosoph Ernst Bloch so schön: »Es kommt darauf an, das Hoffen zu lernen.« Die Utopie ist ein Prozess der Bewusstwerdung der Möglichkeit von Veränderung, und so werden gesellschaftliche Kämpfe maßgeblich von den Hoffnungen der Menschen auf ein besseres Leben und eine gerechtere Welt vorangetrieben.

Oscar Wilde schreibt so eindringlich in seinem Buch *Die Seele des Menschen im Sozialismus* von 1891: »Denn die Anerkennung des Privateigentums hat dem Individualismus wirklich geschadet und ihn getrübt, indem sie den Menschen mit seinem Besitz gleichsetzt. Sie hat den Individualismus völlig irregeleitet. Sie hat bewirkt, dass Gewinn, nicht Wachstum sein Ziel wurde. Sodass der

Mensch meinte, das Wichtigste sei das Haben, und nicht wusste, dass es das Wichtigste ist, zu sein. Die wahre Vollendung des Menschen liegt nicht in dem, was er besitzt, sondern in dem, was er ist. Das Privateigentum hat den wahren Individualismus zerstört und an seiner Stelle einen falschen Individualismus hervorgebracht.« Das erinnert doch sehr an Erich Fromms *Haben oder Sein* von 1976, und ist immerhin 85 Jahre früher entstanden.

Nicht in dem, was wir besitzen, sondern in dem, was wir sind, können wir uns als Menschen menschlich verwirklichen.

Und ich hoffe so sehr, im Herbst 2021 dieses, mein Herzensanliegen *Utopia* auf die Bühne bringen zu können. Zu meiner großen Freude konnten wir im April eine CD mit 14 neuen Gedichten und Liedern im Vorfeld der Tournee aufnehmen. Sie ist ab Mitte Juni erhältlich.

Epilog: Utopia –
Kultur der Hoffnung

»Historisch gesehen, haben Pandemien die Menschen gezwungen, mit der Vergangenheit zu brechen und sich ihre Welt neu vorzustellen. Diese Pandemie ist nicht anders. Sie ist ein Portal, ein Durchgang zwischen einer Welt und der nächsten.«

Dieses Zitat der indischen Schriftstellerin Arundhati Roy macht Hoffnung. Und Mut. Mut, den so oft belächelten Weg in eine andere Gesellschaft, in eine liebevolle und respektvolle Gesellschaft der Ordnung ohne Herrschaft für unsere zukünftigen Mitmenschen zu ebnen.

In der richtungsweisenden und großartigen Rede des bolivianischen Vizepräsidenten David Choquehuanca zum Amtsantritt am 8. November 2020 sagt er ganz zu Anfang:

»Wir, die Kinder, haben eine uralte Kultur geerbt, die versteht, dass alles miteinander verbunden ist, dass nichts getrennt ist und dass nichts außerhalb ist. Deshalb sagen sie uns, dass wir alle zusammen gehen, dass niemand zurückbleibt, dass alle alles haben und niemandem etwas fehlt. Und dass das Wohlergehen aller das Wohlergehen von einem selbst ist. Dass Helfen ein Weg ist, zu wachsen und glücklich zu sein. Dass uns der Verzicht zum Wohle des anderen stärkt, dass uns zu vereinen und uns im Ganzen zu erkennen der Weg von gestern, heute, morgen und immer ist, von dem wir nie abgewichen sind.«

Wie sehr erinnert mich das an eine Strophe in meiner deutschen Nachdichtung von *Gracias a la Vida*:

Ich danke dem Leben,
den Flüssen, den Reben,
den Winden, den Bäumen,
und ich dank meinen Träumen,
denn sie ließen mich fliegen,
die Starrheit besiegen,
und es ließ mich erkennen:
wir sind nicht zu trennen,
woher wir auch stammen –
wir sind eins und zusammen.

Eine uralte Kultur, die erkennt, dass alles miteinander verbunden ist. Nichts getrennt. Ich möchte es immer und immer wieder hören, denn diese Erkenntnis ist entscheidend für diese so alte und doch so neue Utopie, an der wir uns immer und immer wieder hochranken müssen, denn nur dadurch können wir uns aus tiefstem Herzen gegen den Wahnsinn des Kapitalismus und Nationalismus, Rassismus und des ewigen Faschismus zur Wehr setzen.

Bei Dorothe Sölle, in ihrem nicht hoch genug zu lobenden Buch *Mystik und Widerstand* habe ich dieses Zitat von dem Dichter und Umweltaktivisten Wendell Berry gelesen:

»So wie wir sind, sind wir Teile von jedem anderen. Wir alle. Alles. Der Unterschied besteht nicht darin, wer ein Mitglied ist und wer nicht, sondern darin, wer es weiß und wer nicht.«

Das ist der entscheidende Punkt. Wer nie die Erfahrung machen durfte, aufgrund seiner Herkunft, Erziehung oder gesellschaftlichen Prägung zu erfahren, dass wir nicht zu trennen sind, sondern eins und zusammen, nicht nur wir Menschen, auch mit allen Tieren und Pflanzen eins, mit der gesamten Mutter Erde, mit allem, was kreucht und fleucht, ja, wer diese Erfahrung nie machen durfte, dem fehlt jeglicher Zugang für ein liebevolles Miteinander. Jegliche Vorstellung, dass so etwas überhaupt möglich sein könnte. Und dann wird jeder Weg dorthin verspottet, verlacht, bekämpft und sabotiert.

Und hier denke ich, kommt, wie so oft, Sinn stiftend und heilend die Kunst, die Kultur ins Spiel.

Nur durch die Poesie der verschiedensten Künste finden wir diesen Zugang wieder zu unserem tiefsten Sein.

Musik – wie Johann Gottlieb Fichte schreibt, die »klanggewordene Mathematik« – lässt uns erspüren und erahnen, dass es grundsätzliche Zusammenhänge gibt, die, wie die Mathematik, nicht von uns Menschen erdacht und gemacht wurden, sondern schon immer existieren und von uns nur entdeckt wurden.

Man stelle sich einmal vor, man wäre ein zweidimensionales Wesen und kennt keine Höhe. Und wenn dann eine Hand sich auf die Ebene legte, in der wir leben, hätten wir keine Ahnung, wie sich diese Hand zusammenfügt zu einem ganzen Menschen. Was, wenn wir durch Musik hingeführt würden zu anderen Dimensionen unseres Seins, Dimensionen, die wir nicht annähernd uns vorzustellen in der Lage sind?

Als ich meinen leider verstorbenen Freund, den Quantenphysiker und Mystiker Hans Peter Dürr, einmal fragte, wie sich die Mathematiker und Physiker denn diese so vielen anderen Dimensionen vorstellen könnten, meinte er lachend: »Mein lieber Konstantin, wir stellen sie uns nicht vor. Wir rechnen damit.«

Vielleicht war es ja, von der Höhlenmalerei bis heute, immer nur die Kunst, die uns den Zugang zum Wesentlichen, Unerklärlichen, zum Wunderbaren ermöglichte? Zum Verbundensein mit allem?

Ich vertraue der Kunst mehr als den Religionen. Zwar wurde immer wieder auch Kunst schändlich missbraucht – man denke nur an Marschmusik – aber die Religionen haben sich fast immer in den Dienst der Mächtigen gestellt und des Patriarchats. Noch ein Ausschnitt der Rede des bolivianischen Vizepräsidenten sei hier zitiert: »Historisch wird die Revolution als ein politischer Akt verstanden, um die Gesellschaftsstruktur zu ändern und so das Leben des Individuums zu ändern. Keine der Revolutionen hat es geschafft, die Erhaltung der Macht zu ändern, um die Kontrolle über die Menschen zu behalten.

Es ist nicht gelungen, das Wesen der Macht zu verändern, doch die Macht hat es geschafft, den Verstand der Politiker zu verzerren. Die Macht kann korrumpieren und es ist sehr schwierig, an der Gewalt der Macht und ihrer Institutionen etwas zu ändern. Aber das ist eine Herausforderung, der wir uns mit der Weisheit unserer Völker stellen.

Unsere Revolution ist die Revolution der Ideen, sie ist die Revolution der Ausgewogenheiten, denn wir sind überzeugt, dass wir uns, um die Gesellschaft, die Regierung, die Verwaltung, die Gesetze und das politische System zu verändern, als Individuen verändern müssen.«

Man stelle sich vor, diese Sätze würde eine der führenden PolitikerInnen des Bundestags sprechen. Die Klatschmagazine würden vermuten, es seien Drogen im Spiel. Die neoliberalen Masterminds würden davon sprechen, wie naiv und am realistischen Menschenbild vorbeigedacht das alles sei und auf Thomas Hobbes verweisen.

Viel Zynismus wäre im Spiel, so wie ich ihn erlebt habe, wenn meine, von mir so bewunderte Freundin Petra Kelly seinerzeit mit ihrer wunderbaren Naivität und Herzensoffenheit die Dinge ohne groß rumzureden auf den Punkt gebracht hat. Man hat selbst in der eigenen Partei, anfangs noch hinter vorgehaltener Hand, gemeint, ihre ehrliche und leidenschaftliche, emotionale und ungeblümte manchmal fast poetische zärtliche Sprache sei einer Politikerin nicht würdig. Und ich dachte mir damals schon, ich wünsche mir endlich Parlamente, in denen nur so gesprochen wird, nicht verlogen und dauernd abwartend, wann man den nächsten Punktsieg einfahren kann. Sondern einfach ehrlich und ohne der Machtgeilheit zu erliegen. Als bekennender Opernfreund erträumte ich mir manchmal insgeheim, die Menschen würden sich ansingen anstatt sich anzubrüllen. Und beim Singen würde sich mir jede Lüge sofort offenbaren. Als Sänger hört man nun mal, wenn jemand verlogen singt. Nie werde ich vergessen, wie ich einmal mit dem großen jüdischen Psychologen Arno Gruen über seine letzten Erkenntnisse sprechen durfte. Ich kann es nicht mehr wörtlich zitieren, aber ich versuche jetzt einfach, mich noch einmal in diesen Tag vor etwa 15 Jahren hineinzuversetzen.

Arno Gruen bündelte schon 1984 in seinem Buch *Der Verrat am Selbst* seine Einsichten als Psychotherapeut und Psychoanalytiker zu einer umfassenden Kritik an der kulturell vorherrschenden Ideologie der Macht und des Herrschens, die defiziente und pathologische Formen der Subjektwerdung zur Normalität erhebt. Ich fühlte mich geehrt, diesen großartigen und liebenswürdigen Denker immer wieder besuchen zu dürfen, und konnte es erst gar nicht fassen, dass er meine Poesie mochte und meine Ansichten zu Macht und Herrschaft auch wichtig fand.

Arno behauptete aufgrund seiner Forschungen, vor allem mit Kleinkindern indigener Völker, wo das Baby fast zwei Jahre oft durchgehend mit dem Körper der Mutter in Kontakt bleibt, dass wir Menschen mit einem grundlegenden empathischen Bewusstsein geboren werden und dass eben dieses empathische Bewusstsein in unserer Kultur uns so bald wie möglich ausgeredet wird.

Im Vorwort seines Buches *Dem Leben entfremdet* schreibt er 2013: »Wie in Shakespeares Hamlet vollzieht unsere Kultur ein Nichtsein, das auf abstraktem Denken beruht und unser grundlegendes empathisches Bewusstsein verneint und verleugnet. Es geht darum, dieses wieder zum Herzstück unseres Seins zu machen.«

Und dann erzählte er mir, wie die neoliberalen Think-Tanks sich seit vielen Jahren immer mehr in die Wissenschaft einmischen und belegte Erkenntnisse zu ihren Gunsten unterwandern. Einfach nur um die Macht der Mächtigen zu festigen, den Menschen zu einem Wolf unter Wölfen zu degradieren, um sich so seiner besser bemächtigen zu können.

An diesem Tag habe ich den heiteren und auch stets so witzigen, wunderbaren Mann erstmals wirklich betrübt erlebt.

Sein letztes Buch *Wider den Gehorsam* möchte ich allen herzlich empfehlen, die bereit sind, das gängige Weltbild des Patriarchats grundsätzlich zu hinterfragen.

Rutger Bregmann, der scharfzüngige Autor des Bestsellers *Utopien für Realisten* fragte am 1. Juni, immerhin an meinem Geburtstag, in einem Gespräch mit Dominik Erhard im *Philosophie Magazin* auf die Frage hin »Die Menschen als schlecht zu betrachten, ist also ein Mittel, um die Massen unter Kontrolle zu halten?«:

»In gewisser Weise ja, denn wenn wir sagen, wir können einander nicht über den Weg trauen, heißt das, wir brauchen einen Chef, Vorstandsvorsitzenden, König oder Präsidenten, nicht wahr? Andernfalls hätten wir einen Krieg aller gegen alle, so wie Hobbes es nahelegt. Wenn ich aber sage, die meisten Menschen sind ›im Grunde gut‹, und wie gesagt, die Zahlen legen das sehr nahe, dann werden die Herrschenden nervös, denn dann stellt sich die Frage, ob wir sie überhaupt noch brauchen.

Ein zweiter Grund ist auch, dass schlaue und mächtige Leute bei ihrem Blick auf den Rest der Bevölkerung eigentlich bloß in den Spiegel sehen und annehmen, die meisten Menschen seien so wie sie – ziemlich selbstsüchtig.

Immer wieder werde ich gefragt, wie ich denn so naiv sein könne und glauben würde, dass wir den Kapitalismus gewaltfrei besiegen könnten und stattdessen ein herrschaftsfreies Miteinander gestalten können. Und immer wieder sage ich: Wir müssen eben damit beginnen. Jede und jeder auf ihre Art. Mit ihren ihr eigenen Fähigkeiten. Doch am wichtigsten ist: Wir müssen erfüllt sein von diesem Gedanken, von diesem Weg, dem einzigen Weg, der der Menschheit und unserer Mutter Erde die Chance bietet zu überleben. Würdevoll zu überleben.

Und unter dem derzeit alles beherrschenden Mantel der Corona-Berichterstattung tut sich was. Ja, es brodelt. Eine gigantische Frauenbewegung von Argentinien über Kurdistan ist weltweit am Erblühen, Antirassismus-Bewegungen auf der ganzen Welt, Fridays for Future, das Wort Anarchie wird wieder positiv notiert in vielen Kreisen – nur weil sie uns unsere Träume ausreden wollen, heißt das nicht, dass wir sie nicht verwirklichen können.

Und ich bin mir sicher, es wird schon sehr viel dadurch in die Tat umgesetzt, dass wir es endlich wagen, laut zu träumen. Das wird die ganzen Politikmachos und malignen Narzissten verunsichern, so lange, bis sie beschämt und beleidigt von der Bildfläche verschwinden. Wir müssen wagen, das Unaussprechliche auszusprechen, egal ob sie uns als Spinner beschimpfen, als Träumer verspotten, als unrealistisch verunglimpfen.

Wie die Utopie von Rojava: Wir alle brauchen die Utopie von Rojava: Dieses gesellschaftliche Experiment einer basis- und rätedemokratischen, feministischen, ökologischen und sozial gerechten, multiethnischen und multireligiösen Gesellschaft. Seit Jahren ist das selbstverwaltete Projekt in Rojava ein Hoffnungsschimmer in der gesamten Region für Frieden und Solidarität gegen Hass und Zerstörung. Natürlich wird das von den türkischen Machthabern nicht gern gesehen.

In einem Solidaritätsstatement habe ich im letzten Herbst gesagt:

Der völkerrechtswidrige Angriffskrieg und die Kriegsverbrechen des türkischen Erdoğan-Regimes und seiner islamistisch-faschistischen Söldner gegen Rojava in Nordsyrien müssen endlich gestoppt werden: Rojava geht uns alle an: Die Menschen von Rojava brauchen unsere weltweite Solidarität.

Wie konnte es denn nur jemals so weit kommen, dass der natürlichste, vernünftigste und völlig selbstverständliche Traum von einer Welt, in der alle Wesen in ihrer Eigenheit akzeptiert, respektiert werden und liebend und liebevoll miteinander existieren dürfen, wie konnte dieser Traum uns nur ausgeredet werden? Von Psychopathen, die sich zu Königen und Herrschern ernannten, um ihr eigenes Unglücklichsein dadurch vor sich selbst zu vertuschen?

Und die Geschichte der Menschheit ist nicht nur die paar Tausend Jahre alt, die schriftlich belegt wurden.

Dazu noch einmal Rutger Bregman: »Über Tausende von Jahren lebten wir als Jäger und Sammler, und es ging uns dabei ziemlich gut. Es gab so gut wie keine Infektionskrankheiten, wie zum Beispiel Covid-19 – eine Krankheit, die vermutlich von der Domestizierung von Tieren herrührt. Doch wir haben nun einmal diesen schweren Fehler gemacht, den Rousseau bereits benennt: Wir wurden sesshaft.«

So kann und darf es nicht weitergehen: Während Millionen Menschen weltweit in und durch die aktuelle Covid-19-Pandemie massiv verlieren, und zwar Leben, Gesundheit, Einkommen, Wohnung und eine würdige Existenz, werden einige immer reicher, und das sogar noch in und trotz der globalen Pandemie. Und dabei gehen auch noch die Zerstörung der natürlichen Ressourcen sowie der Klimawandel ungebremst weiter. Anders ausgedrückt: Während mit dem ersten Shutdown der Weltwirtschaft Hunderte Millionen Tagelöhner und prekäre ArbeiterInnen im globalen Süden tiefer in den Ruin gestürzt wurden, stieg die Zahl der Millionäre allein in Deutschland in den ersten sechs Monaten des Jahres um weitere 58.000. Es reicht! An dieser Situation muss sich etwas sehr grundsätzlich ändern und zwar global: Die soziale und ökologische Gerechtigkeit für alle Menschen weltweit muss endlich das Recht auf Profit abschaffen. Das wird ohne massive gesellschaftliche Kämpfe, ohne Aufstände und Rebellionen, ohne radikale Neu- und Umgestaltung des gesellschaftlichen Lebens nicht zu haben sein. Eine außerordentliche globale

Krise wie die Covid-19-Pandemie hätte umgehend mutige Schritte verlangt für den Schutz der Gesundheit der besonders gefährdeten Menschen weltweit und für das ökonomische Überleben der Mehrheit. Eine sofortige Entkoppelung des Gesundheits- und Immobiliensektors von der privaten Gewinnmaximierung wäre dafür ein sehr effektiver erster Schritt hin zu einem gerechten und kommunalen Gesundheitssystem für alle weltweit. Doch dafür muss endlich über das totale Versagen des Kapitalismus, der menschenverachtenden Logik der Profitmaximierung gesprochen werden. Wir brauchen Solidarität statt Profite und Konkurrenz: Wir brauchen eine genossenschaftliche Rekommunalisierung privater Gesundheits- und Immobilienkonzerne. Und wir brauchen eine dezentralisierte solidarische und ökologische Landwirtschaft statt eines globalisierten chemischen Agrobusiness mit industrialisierter Lebensmittel- und Fleischproduktion.

Frank Snowden, 73, ist Professor für Medizingeschichte an der amerikanischen Yale University und Autor des Buchs *Epidemics and Society. From Black Death to Present*. Als ich das Interview mit ihm gelesen hatte, wurde mir noch deutlicher vor Augen geführt, was für eine Chance diese Pandemie für uns Anarchos sein könnte.

Auf die Frage des SPIEGEL: »Sind Großmächte durch Mikroben untergegangen?« antwortete Snowden:

»Viele! Schon zum Untergang des antiken Griechenlands hat wahrscheinlich die sogenannte Attische Seuche entscheidend beigetragen, eine tödliche und bis heute rätselhafte Krankheit, bei der der Körper von Bläschen übersät wurde. Beim Untergang des Römischen Reichs hat, neben vielen anderen Faktoren, auch die Malaria eine Rolle gespielt, die sich ab dem 5. Jahrhundert in Südeuropa ausbreitete. Wer überlebte, hatte lebenslang immer wieder Fieberschübe und konnte nicht mehr so hart arbeiten wie vorher. Das hat den Niedergang der Landwirtschaft verschärft. In Großbritannien wurde die Herrschaft des House of Stuart von den Pocken beendet, und Napoleons Armee wurde in Russland nicht auf dem Schlachtfeld, sondern von Fleckfieber und Ruhr vernichtet.« Was wäre, wenn uns nun diese Seuche, die derzeit das Geschehen unserer Zivilisation so bestimmt, an die Hand nimmt, um uns eindringlich zu erklären, dass wir auf keinen Fall so weitermachen dürfen wie früher? Radikal müssen wir mit der Zerstörung unserer Erde aufhören, die meisten lebensgefährlichen Viren entstehen durch die unmenschliche, barbarische Misshandlung der Tierwelt, und was wäre, wenn Corona nichts als ein Hilfeschrei der Natur ist? Ein Hilfeschrei, der uns zeigen muss, dass wir keine Sekunde länger den Klimaschutz unserer ökonomischen Gier opfern dürfen?

Warum höre ich von unseren PolitikerInnen kein einziges Mal diesen Aufschrei? Diesen Aufschrei, dass wir nicht mehr warten dürfen auf das Jahr 2050. Dass es nur sofort geht, ein radikaler Wandel notwendig ist. Sie beschneiden unsere Kontakte, wir dürfen uns nicht mehr als 15 km von zu Hause entfernen, das alles ist möglich und machbar. Aber die neoliberale Wirtschaft endlich zu einem Lockdown zu zwingen, die Kriegsindustrie – das gelingt ihnen nicht?

Das antike Griechenland, das Römische Reich, die Herrschaft des House of Stuart – und jetzt der Kapitalismus. Möge er zugrunde gehen wie die alten Reiche und Herrschaftssysteme zugrunde gehen an einem Virus, der die Menschheit zur Vernunft bringt.

Ja, ja, ja, das ist idealistisch und klingt verrückt.

Aber wie viel klang in der Menschheitsgeschichte nicht schon verrückt und wahnsinnig, bevor es wahr wurde?

Und sie bewegt sich doch!

Wir müssen aus der Geschichte endlich lernen. Mit der Sesshaftigkeit kam die Geilheit nach Besitz, und das patriarchale Machtstreben überflutete wie ein Tsunami die Welt. Der »ewige Faschismus«, wie Umberto Eco ihn so treffend nennt, begann sich in verschiedensten Spielarten breitzumachen. Einzig die Kultur konnte uns immer wieder Einhalt gebieten, zur Besinnung bringen, unseren uralten Träumen Melodien verleihen. Widerständige MystikerInnen und PoetInnen zeigten uns den einzigen Weg zu einem menschenwürdigen Dasein in einer Welt, in der die Realisten die Wirklichkeit gestalteten, von der sie nicht mal eine Ahnung hatten. Wirklichkeit ist, was wirklich ist. Realität ist das, was uns die Machthabenden von der Wirklichkeit vorgaukeln. Wirklichkeit erlebt sich in der Poesie. Realität erlebt sich nie. Sie wird gestaltet.

Wir müssen wieder neu zu träumen lernen, indem wir unseren Traum leben.

Der Neoliberalismus ist am Ende. Er weiß es nur noch nicht. Und ich habe die wirkliche Hoffnung, dass uns dieses Virus einst zusammenschweißen wird. Corona kann eine Wende sein hin zu mehr Menschlichkeit. Zu Utopia.

Wie schreibt doch Oskar Wilde so treffend über Utopia:

»Eine Weltkarte, in der das Land Utopia nicht verzeichnet ist, verdient keinen Blick, denn sie lässt eine Küste aus, wo die Menschheit ewig landen wird. Und wenn die Menschheit da angelangt ist, hält sie Umschau nach einem besseren Land und richtet ihre Segel dahin. Der Fortschritt ist die Verwirklichung von Utopien.«

Ja, liebe FreundInnen, richten wir unsere Segel nach einem besseren Land. Einem Land ohne Herrscher und Patriarchen, ein Land in dem gestritten und gelacht werden wird, in dem allen ein menschenwürdiges Grundeinkommen zugesichert ist und keine und keiner unterdrückt und gedemütigt wird.

Nein, kein Land. Eine Welt. Es ist eine grenzenlose Welt, in der ich leben will.

Postscriptum

Am 13. Februar hatte mein Lied *Willy 2021* Premiere – zur Veröffentlichung habe ich geschrieben:

Liebe Freundinnen und Freunde,
das rassistische Massaker in Hanau am Abend des 19. Februar 2020 hat mich zutiefst geschockt. Vor einem Jahr hat ein 43-jähriger Rassist neun Menschen hingerichtet – einer der Opfer war Vili-Viorel Păun. Sein Schicksal und das der anderen Opfer von Rassismus, tödlichem Hass und faschistischen Netzwerken musste ich meinem alten Freund erzählen: Daraus ist mein neues Lied *Willy 2021* entstanden.

Ich grüße alle Familien, Angehörigen und FreundInnen der Opfer sowie die Verletzten und Überlebenden des rassistischen Massakers vom 19. Februar 2020 in Hanau und schicke euch allen meine Solidarität und mein neues Lied. Erinnern kann uns Kraft geben für unsere gemeinsamen Kämpfe gegen Rassismus und für eine gerechtere Welt,
Euer Konstantin Wecker

Willy 2021
Mei Willy, wie oft hab ich jetzt, seit 1977 schon, mit dir geredet, immer wieder, wenn mich die Wut so packte, dass ich einfach nicht mehr schweigen konnte. Dass ich alles rausbrüllen musste. 1992, nachdem sich zwei Jahre zuvor in Eberswalde Neonazis

zu einer rassistischen Hetzjagd versammelt und den Angolaner Amadeu Antonio aus purer Mordlust totgetrampelt hatten. Seine Mörder kamen dann mit geringen Haftstrafen wegen »Körperverletzung mit Todesfolge« davon.

2015 wegen Pegida und 2018 wegen der Nazis im Parlament und einem gewissen Herrn Gauland, der den Nationalsozialismus als »Vogelschiss der Geschichte« abzutun versuchte.

Und viele Male mehr hab ich dir, mein Freund, zu erzählen versucht, dass dein schreckliches Erlebnis mit Nazis leider kein Einzelschicksal war.

Und jetzt jährt sich ein schier unfassbares Verbrechen:

Ein 43-jähriger Faschist ermordete in Hanau am 19. Februar 2020 neun Menschen!

Der aktenkundige Rassist, der von der Vernichtung ganzer Völker träumte, hatte von den Behörden trotzdem mehrere Waffenbesitzkarten ausgestellt bekommen. Er durfte als Sportschütze das Schießen lernen und dann erschoss er vor und in drei Bars neun Menschen.

Einer von ihnen hieß Vili, Vili-Viorel Păun, er war grad mal 22 Jahre alt. Und der einzige Sohn seiner Eltern.

Mei Willy, ich bin mir sicher: Wir zwei alten 68er hätten uns mit dem jungen Vili gut verstanden. Auch Vili stand auf Musik und liebte Jimmi Hendrix. Auch er liebte die Natur, hatte Ausdauer und wollte alles, was er angefangen hat, möglichst gut machen – auch wenn es länger dauerte. Und vor allem: Vili hatte ein gutes Herz, und er war mutig, so wie du, Willy, wenn es darum ging, gegen Unrecht zu handeln.

Vili, dieser unfassbar mutige junge Mann, wollte den Rassisten stoppen, rief die Polizei und kam nicht durch, blockierte mit seinem eigenen Auto den Wagen des Täters, musste vermutlich den Weg frei machen, als der ihn mit der Waffe bedrohte. Vili raste ihm dennoch hinterher, rief erneut zwei Mal die Polizei an, doch niemand nahm ab. Dann wurde Vili vom Täter auf einem Parkplatz in Kesselstadt ausgebremst und von ihm mit drei Schüssen hingerichtet. Anschließend ermordete der Rassist weitere fünf Menschen und verletzte andere schwer.

Ein mangelnder Aufklärungswille der Behörden ist auch ein Jahr nach den Morden offensichtlich.

Vili folgte seinen Eltern erst 2016 nach seinem Schulabschluss und seiner Ausbildung als Lebensmitteltechniker aus Rumänien nach Hanau. Sein Vater Niculescu Păun sagt:

»Er hat alles verloren. Hat sein Leben verloren, hat seine Zukunft verloren. Hat seine Pläne verloren. Ich weine – I'm crying – um seine Zukunft, um seine Liebe.«

Wir weinen mit ihm und um alle Opfer dieses rassistischen Massakers.

Sakrament, Vili! Wärst an diesem verfluchten Februartag bloß aufm Mond gwesen oder aufm Amazonas in am Einbaum oder ganz alloa aufm Gipfel einer deiner geliebten Berg, drei Schritt vom Himme weg, überall, bloß ned an diesm unselign Ort mitten in Hanau!

Wir hätt di doch no braucht, wir alle brauchen doch solche, wia du oana bist!

GESTERN HABNS AN WILLY DASCHLAGN

Was müssen wir alle tun, um in diesen gefährlichen Zeiten der Hochkonjunktur von Verschwörungstheoretikern die Wiederholung solcher rassistischer Schreckenstaten zu verhindern?

Willy – so was darf nie mehr wieder passieren, und es liegt an uns, uns zu wehren.

Ich bin sehr dankbar, dass ich Menschen kennen lernen durfte, die ihr Leben lang antifaschistisch gehandelt haben:

Auf so vielen Demonstrationen gegen Rassismus und Krieg waren wir doch gemeinsam mit meiner engagierten Mutter. Und ich durfte den Widerstandskämpfer und Holocaust-Überlebenden Martin Löwenberg über 20 Jahre lang kennen und immer wieder treffen. Er hat uns sein Leben lang daran erinnert, »dass Faschismus keine Meinung, sondern ein Verbrechen ist«, ein Verbrechen, das wir bis heute gemeinsam immer und überall verhindern müssen.

Willy, ich kann die Worte des Bedauerns, die Worte der Betroffenheit von Politikern und Politikerinnen nicht mehr ertragen. Ob 40 Jahre nach den antisemitischen Morden von Erlangen 1980, ob nach der Mordserie des NSU, ob nach Halle 2019 oder Hanau 2020 – wann folgen ihren Worten Taten? Zum Beispiel gegen den NSU 2.0 und seine Helfer in der hessischen Polizei?

Willy, du weißt es, du hast es uns vorgelebt: Wirkliche Demokratie muss lebendig sein, man darf sich nie zurücklehnen, mit dem sicheren Gefühl nun Demokrat zu sein.

Demokratie ist ein lebendiger Prozess und ein Ideal, an dem man immer wieder hart arbeiten muss, und man darf dabei die utopische Sehnsucht nach einem Zusammenleben in einer Ordnung ohne Herrschaft nie verlieren.

Schon seit Tausenden von Jahren träumt die Menschheit von einem gleichberechtigten Miteinander ohne Machtstreben, ohne Unterdrückung, ohne Gehorsam.

Konnte man die patriarchalen Gesellschaftssysteme nur dadurch aufrechterhalten, dass systematisch und immer wieder alle anderen Versuche für verrückt erklärt, dämonisiert und im harmlosesten Fall ins Lächerliche gezogen wurden? Wie verrückt muss eine Menschheit gemacht werden, damit sie glaubt, dass ein System wie der Kapitalismus, das ausschließlich einigen Wenigen zu einem oft obszönen Wohlstand verhilft, allen Menschen und eben auch den Armen und Ärmsten dieser Erde dienlich sei?

GESTERN HABNS AN WILLY DASCHLAGN

Wir müssen aus der Geschichte endlich lernen. Mit der Sesshaftigkeit kam die Geilheit nach Besitz und das patriarchale Machtstreben überflutete wie ein Tsunami die Welt. Der »ewige Faschismus«, wie Umberto Eco ihn so treffend nennt, begann sich in verschiedensten Spielarten breitzumachen. Einzig die Kultur konnte uns immer wieder Einhalt gebieten, zur Besinnung bringen, unseren uralten Träumen Melodien verleihen. Wir müssen wieder neu zu träumen lernen, indem wir unseren Traum leben.

Der Neoliberalismus ist am Ende. Er weiß es nur noch nicht. Und ich habe die wirkliche Hoffnung, dass uns dieses Virus einst zusammenschweißen wird. Corona kann eine Wende sein hin zu mehr Solidarität und Menschlichkeit. Zu Utopia.

Wie schreibt doch Oskar Wilde so treffend:

»Eine Weltkarte, in der das Land Utopia nicht verzeichnet ist, verdient keinen Blick, denn sie lässt eine Küste aus, wo die Menschheit ewig landen wird. Und wenn die Menschheit da angelangt ist, hält sie Umschau nach einem besseren Land und richtet ihre Segel dahin. Der Fortschritt ist die Verwirklichung von Utopien.«

Ja, Willy, liebe FreundInnen, richten wir unsere Segel nach einem besseren Land. Einem Land ohne Herrscher und Patriarchen, ein Land, in dem gestritten und gelacht werden wird, in dem allen ein menschenwürdiges Grundeinkommen zugesichert ist und keine und keiner unterdrückt und gedemütigt wird.

Nein, kein Land. Eine Welt. Es ist eine grenzenlose Welt, in der ich leben will.

GESTERN HABNS AN WILLY DASCHLAGEN, DOCH AB JETZT HALT MA ZAMM

Premiere auf der Homepage der »Initiative 19. Februar Hanau« am 13.02.2021 (https://www.19feb-hanau.org/2021/02/13/grusswort-von-konstantin-wecker/)

Danksagung

Ohne die so anregende Mitarbeit meines Freundes, des Journalisten und Filmemachers Michael Backmund, hätte dieses Buch nicht fertiggestellt werden können.

Die Gespräche mit ihm im letzten Jahr, seine politische Kompetenz und seine journalistischen Recherchen waren unerlässlich für mich, um in diesem Buch auch immer wieder politisch aufzuschreien und anzuklagen.

So sehr Poesie auch Widerstand ist – gerade in Zeiten der sich vehement multiplizierenden Fake News – ist es für den Poeten auch sehr wichtig, seinen Widerstand auf journalistisch geprüften Beinen in die Welt zu entlassen.

Informationen

Alle gestreamten Konzerte von Konstantin Wecker aus dem Jahr 2020 sind weiterhin kostenlos für alle zu sehen und zu hören auf seinem YouTube-Kanal Weckerswelt. Darunter *Poesie und Widerstand in stürmischen Zeiten* vom 22. März, 11. April und 9. Mai sowie das Sturm & Klang Labelkonzert vom 2. Oktober oder das persönliche Weihnachtskonzert vom 24. Dezember 2020.

Weitere Informationen und Links dazu auch auf der Webseite https://wecker.de.

Aktuelle Informationen zu der Initiative break isolation – global solidarity findet man auf der Webseite https://breakisolation.net.

Umfangreiche Informationen zur und »kritische Blicke« auf die Coronakrise und ihre Folgen erhält man auch unter https://coronakrise-europa.net der Initiative für ein egalitäres Europa für einen solidarischen Umgang mit der Pandemie, deren Aufruf Konstantin Wecker am 6. April 2020 unterzeichnet hat.

Anmerkungen

Utopisch und schwärmerisch

Konstantin Wecker
UTOPIA

AUDIO CD-ROM
Sturm & Klang
€ 14,99*
(* empf. VK-Preis)

Ein menschenwürdiges Leben ohne Herrschaft und Gehorsam war schon immer sein großes Ziel. Mit ›Utopia‹ verleiht Konstantin Wecker diesem allumfassenden Herzenswunsch nun die schönsten Klänge. Nach sechs Jahren präsentiert der Münchner Liedermacher im Juni ein neues Studioalbum mit 14 neuen Songs und Gedichten. Der Liederzyklus vereint schwärmerische, visionäre Blicke auf eine liebevolle und herrschaftsfreie, eben utopische Gesellschaft. Für Konstantin Wecker, der mit dem Album die Menschen auffordert sich träumerisch zu öffnen, ist Utopia alles andere als undenkbar: »Mit Hilfe der Musik möchte ich Mut machen, alte Denkmuster zu durchbrechen.«